愛もお金も手に入る

チェンジの法則

人はいますぐ
自分を変えられる

医学博士
麻生 泰
Toru Aso

扶桑社

まえがき

変身する準備はいいですか？

「形」が変わると「心」も変わる

この本のテーマは、「人生を変える」ことです。

では、人生を変えるにはどうしたらよいでしょうか？

それには、まず「形」から変えてください。

たとえば、禅宗では精神統一のために座禅を行ないます。座禅は、足を組み、指を結び、背筋を伸ばし、目を瞑《つむ》り、腹式呼吸するという「形」から入ります。

いきなり「心」は変わらないので、まずは作法に則《のっと》り「形」から入るのです。

滝行もそうです。白装束を身につけ、滝に打たれるという「形」から入ります。冷たい水を浴びているうちに、身も心も浄化されていくのです。

まずは、「目に見えるところ」から変えていってください。行動を変えれば、「心」はあとからついてきます。なぜなら、心と体は表裏一体《ひょうりいったい》だからです。

同じようにチェンジの第一歩は、最も変えやすいものから変えていくことです。

まえがき

変身する準備はいいですか？

たとえば、洋服です。カジュアルなものからフォーマルなものに変えるだけで、気分もガラリと変わります。また、着物を着た瞬間に和の心が宿ります。

着物姿で海外のレストランに行くとどうなるでしょうか？

間違いなく、一番いい席に通されます。レストランには「華席《はなせき》」と呼ばれる目立つ席があります。一番ドレスアップしている人をその席に置くことによって、お店もランクアップしたいのです。

芸能人や有名人などの華やかな人を華席に座らせることによって、レストランの雰囲気も変わります。ドレスアップした人が来る店ということで、周りのお客さんの意識も変えているのです。

僕の知りあいの医師に、大変な大酒飲みでギャンブル好きな遊び人がいるのですが、彼は白衣を着た瞬間に、名医に変身します。気持ちが引き締まり、どんな難しい手術も成功させてしまうのです。そして、白衣を脱《ぬ》ぐと、また酔っ払いのおじさんに戻ってしまいます。これは「ユニフォーム効果」と言われていますが、人間は、洋服一枚で変身することができるのです。

人生を変えるシンプルな法則があった

僕は美容外科医として、60院以上のクリニックを手がけている麻生泰《あそうとおる》と申します。

人間が100人いたら100人とも、自分の肉体に何らかのコンプレックスを持っています。あなたはどうでしょうか?

たとえば、可愛《かわい》くない、太っている、髪の毛が薄い、胸が小さい、鼻が低い、目がパッチリしてない、歯並びが悪い、腋《わき》が臭《くさ》いなど……。

しかし、これらの悩みは、すぐにでも解決することができます。


僕が美容外科医として1万人以上を手術し、つくづく思うことは、多くの人たちは最初からあきらめてしまっているということです。

「自分の見た目は変えられない」

「性格は変えられない」

「人生は変えられない」

まえがき

変身する準備はいいですか？

「他人は変えられない」

しかし、これは固定観念にすぎません。人生を変える方法は、とても簡単です。

まず、「望む」、そして「行動する」だけでよいのです。

こんなにシンプルなことに、ほとんどの人は気づいていません。

本書のタイトルは、『～愛もお金も手に入る～チェンジの法則』です。

僕はこの本で、「人は誰でも、いつでも変わることができる」というシンプルな法則を、一人でも多くの人に知ってほしいのです。

『チェンジの法則』を知ることによって、あなたは性格を変え、人生を変え、周りの人を変え、社会をも変えていくかもしれません。

この法則は、人生を好転させる「変身の魔法」です。

自分を変えるだけで、世の中が１８０度変わります。

そして、あなたは周りから愛される存在になるのです。

人生は1回きりではない

あなたは、どんな未来を望んでいますか？

この答えは、10年前の自分を思い出せば、自ずとわかります。

なぜなら、過去と現在の延長線上に未来は存在しているからです。

もし、いま、あなたが10年前と同じ生活をしているのなら、10年後も同じことをやっているでしょう。そんな人は、たった一度の人生しか送れません。


ところが、「変身の魔法」を使うと、まったく別な人生を送ることができるのです。

モテなかった人がモテるようになったり、お金に縁《えん》のなかった人にどんどんお金が入ってきたり、引っ込み思案《じあん》だった人が積極的になったり、契約が取れなかった営業マンがトップ営業マンになったり、まさに別人になってしまうのです。

『チェンジの法則』によって、会社でも出世するかもしれません。家庭も円満になります。周りの人たちから応援されます。恋人ができて、結婚できるかもしれません。

いままで目立たなかった存在が、愛される存在になります。

それらを象徴する考え方が、『チェンジの法則』です。


昭和生まれの人が「変身」と聞くと、思い浮かぶのが、石ノ森章太郎《いしのもりしょうたろう》さんが作り出したヒーロー『仮面ライダー』でしょう。この特撮番組は40年以上続き、何十代もの仮面ライダーが世に生まれました。いまも、仮面ライダーのオーディション試験では、候補の新人俳優が全員、自分なりの変身ポーズを披露《ひろう》するそうです。

そして、主役を射止《いと》めた瞬間、彼らの人生は大きく変わります。

テレビのオーディションで主役を射止められるのは1人だけかもしれませんが、あなたの人生の主役はあなたです。

心の中で「変身！」と叫ぶだけで、あなたは今日からどんな存在にもなれるのです。


さあ、僕と一緒に人生を変える準備はいいですか？

人生を変えられるのは、1回きりではありません。

あなたが望めば、何回でも、違う人生を送ることができるのです。

愛もお金も手に入るチェンジの法則　目次

まえがき　変身する準備はいいですか？　3
「形」が変わると「心」も変わる　4
人生を変えるシンプルな法則があった　6
人生は1回きりではない　8

第1章　「チェンジの法則」で人生のシナリオが変わる　21

一つが変わると全部が変わる
未来は「今日」という日の1ピースでできている　22
人生の挑戦に締め切りはない　24
6歳で止まった時計の針を再び動かす　26

過去も未来も変えられる、自分も他人も変えられる　28
簡単に変えられるものから変える　30
「引っ越し」は新しい世界への扉　32
人生は「ドラクエ」のようなもの　34
立ち止まっている人、歩き出す人　36
あなたは、いま、幸せですか？　38
「コンプレックス」は人を成長させるエネルギー　40

第2章 可能性の扉を開く方法

常識を変える、固定観念を捨てる　43
「才能のかけ算」で特別な存在になる　44
ジョブズが亡くなる前に教えてくれたこと　46

一度失われたものは二度と手に入らない 48
あきらめない限り失敗はない 50
イタリアでは警察官がナンパする 52
「常識」は時代によって変わっていく 54
井戸の中のカエルは「垂直思考」 56
すぐ役立つことは、すぐ役立たなくなる 58
自分の「正しさ」にしがみつかない 60
「想定外」を認めるとイライラが消える 62
信用を得るには20年、失うのは5分 64

第3章

人生はいつでもやり直すことができる

67

誰にでも挑戦する権利がある

老人の7割が後悔していること　68
「橋を渡らない人」が手に入れたもの　70
数百年間、卵は立たないと思われていた　72
「前例」がなければつくり出せばいい　74
人生は自分の体を使った「人体実験」　76
「沈黙は金なり」は間違いだった　78
「どん底」は飛躍のチャンス　80
「ありのままの自分」になりたくない女子高生　82
「感情」は変えられない、「行動」は変えられる　84
口グセは「きっと」「必ず」「今度こそ」　86
歩き方には「生きざま」がにじみ出る　88
どんなに歳をとっても挑戦し続ける人たち　90
都会の真ん中にライオンは出現しない　92

第4章

ダイヤモンドは磨かないとただの石

外面だけではなく内面も磨く 95

「ぼんやり」した日を「熱中」する日に変える 96

手にマメをつくって練習している世界的アーティスト 98

そびえ立つ壁が高いほど成長できる 100

「運命の女神」は行動した人にだけ微笑む 102

「小さなチャンピオン」になろう 104

「上質な服」がチャンスを連れてくる 106

「身体能力」が高い人は病気にならない 108

「健康寿命」と「だ液」の関係 110

女の子は自分の体をいたわってほしい 112

「環境適応力」で給料が上がる人、下がる人 114

ルフィが仲間から慕われる理由 116
「モテない」が「モテる」に変わったあの日 118

第5章 お金の「奴隷」ではなく「主人」になる 121

お金と時間を有効活用する

なぜ、お金に振り回されるのか? 122
あなたのお金は吸い取られている 124
お金は旅に出すと友だちを連れて帰ってくる 126
「お金のフレーム」を大きくする 128
お金を遠ざけている人、お金が寄ってくる人 130
先に稼ぐ人、あとから稼ぐ人 132
社長が給料の前借りを断る理由 134
「時間泥棒」とはつきあわない 136

フェイスブックの「いいね！」は押さない　138
「時間を浪費する人」から「時間を操る人」へ　140
着ない服があるだけで年間2万円の損　142
「ミリオネアメンタリティ」で生きる　144
若いうちから「信用貯金」を積み立てよう　146

第6章　仕事も遊びも「時間の密度」を濃くする

人生を全力で楽しむ　149

「ダラダラ勉強」より効果的な「一夜漬け」　150
遊びの時間の密度を濃くすると仕事の密度も濃くなる　152
準備に時間とお金をかけすぎてはいけない　154
早起きは5000万円の得　156

笑うとガンが消えて、頭もよくなる　158
自分の顔に責任を持つ　160
趣味は一流の人脈をつくる最短ルート　162
毎日1㎜、進化し続ける生き方　164
消える仕事、新しく生まれる仕事　166
「結果にコミット」するための絶対条件とは？　168
川上で「石」を投げる人になる　170
歴史に名を刻む覚悟　172
「変身の魔法」が使えない7人の残念な人たち　174

第7章 あなたを縛っている「ドリームキラー」

177
「できない」という鎖を断ち切る方法

「靴を売る人」のビッグチャンス 178
レッドオーシャンからブルーオーシャンへ 180
「親の言うことは間違いない」は間違い 182
人を説得するためには「結果」を出すこと 184
トラックいっぱいの「できない理由」 186
人生はドリル、あと少しで解ける 188
「出ない杭」は土の中で腐る 190
あなたの欠点はお金に変わる 192
他人はあなたなんて見ていない 194
自分の領域以外に投資してはいけない 196

第8章
愛される人、愛されない人
夢はみんなと一緒にかなえる 199

『おおきなかぶ』の抜き方 200
社会人に必要な「カンニングする力」 202
思いきり高い目標を設定すると力が一つになる 204
「仕事」の報酬は仕事 206
イソップ童話が教える「本当の友だち」とは？ 208
「先に挨拶する人」は主導権を握れる 210
「僕は、まだまだ、あかんな」 212
幸せとは「みんなが幸せになる」こと 214
「元気な子」「明るい子」「地頭のいい子」 216

心が冷たい人は出世しない　218
下心のある人に注意　220
他人を許せる人になる　222
幸せを分け与える「ノブレス・オブリージュ」　224

あとがき　私たちの体は「テセウスの船」　227

第1章

「チェンジの法則」で人生のシナリオが変わる

一つが変わると全部が変わる

未来は「今日」という日の1ピースでできている

あなたが今日1日をどのように過ごすかで、あなたの未来が変わります。

僕は、人生とは「フラクタル図形」のようなものだと思っています。

フラクタルな図形とは、一部が全体と同じ形になる図形のことです。

この図形は自然界のいたるところで見つかります。シダ植物の葉、リアス式海岸、巻貝の模様《もよう》、雪の結晶などがそうです。


人生を大きな三角形にたとえると、1日1日はその大きな三角形を構成している小さな三角の一つということになります。今日という1ピースが人生の縮図なのです。

昼過ぎまでダラダラと寝ていたり、夜は徹夜《てつや》で酒を飲む、そんな日を繰り返せば、おのずと人生もやり残したことだらけになります。一方、その日にやると決めたことをやりきることで、人生もまるで変わっていきます。

70歳を過ぎて「人生やり残したことばかりだ」とぼやく人の人生もまた、それまで繰り返されてきた自分自身の1日1日の集合体です。そういう人が「しまった！」と思っても、過ぎてしまった日々を取り戻すことはできません。

だからこそ、今日という日を有意義に過ごさなくてはならないのです。

人生の成果《せいか》が「大きな果物《くだもの》」だとすると、1日の仕事や勉強は養分のようなものかもしれません。毎日、どれだけ栄養を与えて実を育てていくか、小さな積み重ねが将来の大きな差となるのです。ドイツの哲学者ニーチェはこのように言っています。

「樹木にとって最も大切なものは何かと問うたら、それは果実《かじつ》だと誰もが答えるだろう。しかし、実際には種なのだ」

果実は「結果」であり、種とはあなたの「本質」のことです。

ニーチェは、自分の本質に気づけと言っているのです。

◆チェンジングマインド

人生は、「今日」という日の集合体。

「今日1日」の過ごし方を変えてみよう。

人生の挑戦に締め切りはない

いくつになっても人は「変わりたい」と思ったその瞬間から、生まれ変わることができます。歳《とし》は関係ありません。人生の挑戦に締め切りはないのです。

2018年、第158回芥川賞を受賞した『おらおらでひとりいぐも』は、著者の若竹千佐子《わかたけちさこ》さんが63歳という歴代最高齢だったことで大きな話題になりました。彼女は岩手県の出身で、55歳から小説講座に通い始め、8年のときをかけて執筆。処女作にして芥川賞を受賞するという快挙を成し遂《な》《と》げました。

有名な話ですが、カーネル・サンダース氏は65歳でケンタッキーフライドチキンを創業しました。彼もまた「やり直すのに遅すぎることはない」を体現した人物です。食べていくために40種類もの仕事を経験し、やっとの思いで起業したガソリンスタンドが倒産。レストランを始めても火事で全焼。そんな苦労の末に到達したのが、フライドチキンでした。そして、秘伝《ひでん》のレシピを教える代わりに売り上げの一部を受け取る、世界初のフランチャイズビジネスを構築したのです。

僕がハワイの海にカイトサーフィンをしに行ったときのこと、ボートの中で70歳のおばあちゃんに出会いました。「誰かの知りあいかな」と思って見ていると、なんと彼女は、サーフボードに乗って空高くジャンプしたのです。

おばあちゃんが華麗《かれい》に空中を舞う姿を見た瞬間、「もう歳だから」という言葉が自分の辞書から消えました。

僕は46歳になってから音楽大学に通っているのですが、そこに付属校から中学生がやってくることがあります。その子たちが「いまから始めても、もう遅いかな」などと言うのです。13歳で遅すぎるはずがないでしょう！

◆チェンジングマインド

人生を変えるのに遅すぎることはない。
チャレンジする人だけがチェンジできる。

6歳で止まった時計の針を再び動かす

2017年12月24日、僕は自分へのクリスマスプレゼントとして、6億円のヴァイオリンを購入しました。1698年製で、イタリアのヴァイオリン製作の巨匠《きょしょう》、アントニオ・ストラディヴァリが製作したものです。

じつは、僕は3歳から6歳まで、まだ家が裕福だった幼少時代、母親にヴァイオリンを習うように言われ、ずっと練習していました。ところが、父親の会社が倒産し、裕福な生活から一転、貧乏のどん底を味わうことになったのです。

成人してから過去を振り返り、僕は、音楽が嫌いになった原因は6歳でやめたヴァイオリンにあると気がつきました。そこで、44歳になったときに、「過去の自分を取り戻したい」と思い、6歳の自分に戻ってやり直そうと決めたのです。

そうと決めたら、世界一のヴァイオリンがほしくなりました。この感覚は、ゴルフクラブを持つ感覚と似ています。素人でもいいクラブを持つと、ゴルフが楽しくなります。同じように、世界最高の音色《ねいろ》の楽器を手にしたら、音楽がどんどん好きになっていくと思ったのです。

僕は、いままで稼《かせ》いだお金をすべて注《つ》ぎ込《こ》みました。そして、世界最高のヴァイオリンを手にすると、音楽が楽しくて楽しくて仕方がなくなったのです。

その後、僕は46歳にして、桐朋学園大学に入学しました。ここで修業し、ヴァイオリンの名手になって卒業するつもりです。

さらに、ストラディヴァリウスを手に入れたことで、どんどん夢が膨《ふく》らんでいきました。もはやこの値段になると、ヴァイオリンは楽器ではなく、文化財と同じ価値を持ちます。僕個人の所有物ではなく、日本国の財産であり、世界遺産なのです。

この名器を後世に残すため、公益の音楽財団（国際音楽芸術振興財団）をつくり、年に4回、無料コンサートを実施しています。

◆チェンジングマインド

自分で自分の限界を決めつけてはいけない。

人生は過去に遡《さかのぼ》ってやり直すことができる。

過去も未来も変えられる、自分も他人も変えられる

白河法皇は、世の中の変えられないものの代表として、「賀茂川《かもがわ》の水、双六《すごろく》の賽《さい》、山法師《やまほうし》、是《これ》ぞわが心にかなわぬもの」と挙げました。

賀茂川の水の流れと、サイコロの目と、比叡山《ひえいざん》の僧兵は思い通りにならないと嘆《なげ》いたのです。

水は高いところから低いところに流れていきます。どんなに願っても川の流れを変えることができないように、世の中には変えられないものがあるというのです。

一般的に、「自分」と「未来」は変えることができると言われています。

変えられないものの代表としては、「他人」と「過去」があります。

果たして、それは真実なのでしょうか？

確かに、せっかちな人に対して「のんびり生きろ」と言っても、それは性格や価値観の違いなので、他人がコントロールすることはできません。

過去も同じです。すでに起こった出来事を変えることはできません。

ところが、あなたが変わることで、過去を意味のあるものにすることはできます。

変わろうと決意した原因が過去のコンプレックスだったら、それはあなたにとってマイナスの存在ではなく、未来を変えるための必要な体験だったかもしれないのです。

こう考えると、つらい過去が「価値あるもの」に変化します。

「いま」が変わることで、「未来」が変わり、「過去」も変わるのです。

同じように、あなたが変わると他人も変わります。

僕たちは相対的な人間関係の中に生きています。たとえば多くの人たちは、性格の暗い人より、明るい人が好きです。話のつまらない人より、面白い人が好きです。おどおどしている人より、自信満々の人が好きです。

あなたが変われば、あなたの評価もまるで変わってくるのです。

◆チェンジングマインド

世の中に変えられないものはない。

あなたが変わると世界が変わる。

簡単に変えられるものから変える

「重箱《じゅうばこ》の隅《すみ》をつつく」ということわざは、正確には「楊枝《ようじ》で、重箱の隅をほじくる」という意味です。重箱の隅に詰まった食べ物を楊枝でつついて食べる仕草から、「とても細かいことまで問題にする」という意味で使われます。

細かいことにこだわる人はなかなか変わることができません。変えにくいものを変えようと躍起《やっき》になるのはやめて、「変えやすいものから変える」ようにしてください。

受験勉強を例に挙げると、5教科（国語・数学・理科・社会・英語）の中で、どこから手をつけるのがよいでしょうか？　正解は「できるところから」です。間違ってもいきなり一番苦手なところから取り組んではいけません。

僕は浪人生活が長かったのでわかるのですが、受験生の中には、数学が苦手なのに基礎を勉強せず、「今日は難解な方程式を5時間やった」などとやった気になっている人がいるのです。果たして「こんな人」が試験に合格できるでしょうか？

できませんよね。こんな人とは、僕のことです。人一倍努力しているのに点数が取れない。受験では「みんなができるものを落とさない」ことが大切なわけです。

100点を目指す必要はありません。それより80点を狙《ねら》ったほうが、総合得点は高くなります。人生も同じです。可能性の低い「大富豪《だいふごう》」になるより、「幸せな小金持ち」を目指したほうが現実的です。変えやすいところから確実に変えていくのです。

・自分に自信がなかったら、挨拶《あいさつ》をするときに元気よく声を出す。
・営業成績が悪かったら、毎日、1軒だけ訪問先を増やしてみる。
・恋人との関係がギクシャクしていたら、プレゼントを贈《おく》る。

変えるのは、こんな簡単なことからでいいのです。
小さな1点の積み重ねによって人生も少しずつレベルアップしていきます。

◆チェンジングマインド
「完璧な100点」ではなく「確実な80点」を取りにいく。
小さな変化を積み重ねる。

「引っ越し」は新しい世界への扉

私たちは引っ越すときに家具や荷物だけを持っていきます。大きく育った庭木はほったらかしです。しかし、庭木も準備さえしっかりすれば、持っていくことができます。樹木を移植するときに行なわれる作業を「根回し」と言います。

これが、「会議の前に根回しをする」の「根回し」の由来《ゆらい》です。

移植する1~2年前から根の周囲を掘り、細い根の成長を促進して、移植後にしっかりと根付くようにします。人も環境を変えることによって、さまざまなことをリセットできます。引っ越しで得られるメリットはたくさんあります。

【行動面のメリット】……通勤時間、通学時間が短くなる。使える時間が増える。不用品を処分できる。自分に必要なものを見極められる。

【環境の変化】……景色が変わる。健康によい影響を及ぼす。部屋が広くなる。風水がよくなる。運を呼び込むきっかけになる。

【関係性の変化】……家族関係が変わる。隣人関係が変わる。自立できる。
【気分の変化】……気分転換になる。ストレスがなくなる。
【人生の変化】……仕事が変わる。自分自身の価値観が変わる。

僕は引っ越しこそ「若さの象徴《しょうちょう》」であり、「チェンジの象徴」だと思っています。

若い人であれば見ず知らずの場所に飛び出し、まったく新しい人生にチャレンジすることも楽しめるでしょう。一方、お年寄りは環境が変化することを嫌います。実際、親を田舎から都会に呼び寄せると、急に介護度が高くなるケースがあります。

ちなみに、「根回し」をしても移植後に新しい土になじみやすいのは若い樹木であり、古い木は枯れてしまうことが多いそうです。

「引っ越し」はあなたの「若さ」を見極めるリトマス試験紙なのです。

◆チェンジングマインド
「転居《てんきょ》」はあなたの「転機《てんき》」になる。
「環境」を変えると「人生」も変わる。

人生は「ドラクエ」のようなもの

人生とは冒険であり、成長するための旅です。

そこで思い出すのが、ロール・プレイング・ゲームの『ドラゴンクエスト』です。このゲームの主人公・勇者は「レベル1」の最弱の状態から冒険をスタートします。

僕も開業したての頃は、まさに「レベル1」の状態でした。


開業資金はたった100万円しかなく、クリニックの改装は壁を1枚立てただけ。医療器具も滅菌器も全部リサイクル品かヤフーオークションで落札したものでした。

しかも、開業当初に一緒に働いてくれた仲間は、夕方5時に退勤する看護師さん一人だけでした。彼女が帰ってから、僕は一人で手術用の機器類を滅菌したり、洗い物をしたりと雑用をこなしたのです。正直、クタクタになりました。

そんな「レベル1」の状態から、一人、また一人と採用することで、少しずつスタッフを増やしていきました。僕もレベルが2、3、4と上がっていったのです。

また、ドラクエではレベルが上がるにつれて、お店で買える武器の性能も上がっていきます。同じく僕も、治療に使う機器類を高性能なものに買い替えられるようになりました。さらに、仲間が増えたことでチーム単位の動きができるようになり、開業から15年経ったいま、僕は赤坂の坂本龍馬ゆかりの地に自社ビルを持ちました。

つまり、ドラクエで言えば、レベルの高い強敵を倒せるようになったのです。

ドラクエでは、冒険で出くわす通常の敵からは戦わずに逃げることが可能です。しかし、最後に登場する「ボスキャラ」からは逃げられないようになっています。

これは、「人生の節目《ふしめ》に訪れる難関には必ず立ち向かわなければならない」という人生の法則に通じているのではないでしょうか。人生もドラクエと同じく、勇気を持ってボスキャラを倒さないとゲームをクリアできない（＝幸せになれない）のです。

◆チェンジングマインド

戦闘《せんとう》レベルは一つずつアップさせていく。

仲間を集めることで成功は加速する。

立ち止まっている人、歩き出す人

古代ギリシャの医者、ヒポクラテスは、「Ars longa, vita brevis」（医術を学ぶには長い月日を必要とするが、人生は短いので怠《おこた》らず励《はげ》むべきだ）と言いました。

ここから「芸術は長く、人生は短し」という名言が生まれました。現代では「芸術家の命は短いが、芸術作品は作者の死後も永遠に残る」という意味で使われています。

絵画の中には、ピカソやゴッホのように作者の死後、長きにわたって後世の人の目を楽しませているものもあります。

もしも、ピカソやゴッホが「描くのは、やっぱり無理かも」と悩んでばかりでいつまでも筆をとらなかったならば、世界中の国立美術館から名画が消えたわけです。

立ち止まって悩んでいる間は、何も生まれることはありません。

そして、時間は一瞬にして過ぎ去っていくのです。

人生のタイムリミットは、心臓が止まるときです。

一般的なネズミの寿命はたった1年ですが、ゾウの寿命は80年です。しかし、心臓の鼓動の回数は同じ15億回です。心臓には「生涯可能鼓動寿命」があり、人間も一生の間に約20億回打って終わりだそうです。

食事をしているときも、お風呂に入っているときも、寝ているときも、あなたの心臓は片時《かたとき》も休むことなく脈を打ち続けています。自覚していないかもしれませんが、あなたの心臓は生まれた瞬間から、減り続ける寿命をカウントダウンしているのです。

人生は行動した分しか変化しません。一つ行動すれば一つ未来が変わり、二つ行動すれば二つ未来が変わります。いくつ行動したかでまったく違う未来が選べるのです。

心臓は、いつか止まる日がやってきます。だからこそ、心臓が動き続けているうちに、思いを成し遂げてほしいのです。

◆チェンジングマインド

「人生の車輪」を止めてはいけない。
望む未来に向かって歩み続けよう。

あなたは、いま、幸せですか？

国連が調査を始め、２０１８年で7年目になる「世界幸福度ランキング」では、日本は54位と、先進国の中で相変わらずダントツに低い順位を推移しています。

多くの日本人が、「自分は不幸せだ」と思っているのです。

現に、日本は世界で13番目に自殺者の多い国で、しかも事故死よりも自殺が多い国は世界でただ一つ、日本だけという悲しいデータもあります。

多くの日本人が幸せを感じていないことは、引きこもりの問題を見ても明らかです。日本には15歳から39歳の引きこもりが54万人、40歳から64歳の引きこもりが61万人もいると推計されています（内閣府「生活に関する調査」２０１８年実施）。

裏を返すと、それだけ多くの人が引きこもれるほど日本は豊かなのです。食べものに困っていた戦後の時代には、引きこもりたくとも環境がそれを許しませんでした。

僕たちは情報の自由も保障されています。中国に行くと、空港に到着したとたんに、フェイスブックもツイッターも表示されなくなります。『天安門事件』以降、情報を入手することにも、発言することにも制限がかけられているのです。

一方、僕たち日本人は、政治に不平不満を言う自由も持っています。体制を批判しても銃で撃《う》たれることはありません。日本は自由な国です。しかし、僕たちが「当たり前」と思っていることは、海外では決して当たり前ではないのです。

ミリオンセラーになった『世界がもし100人の村だったら』（マガジンハウス）という本を読むと、いかに日本という国が恵まれているかがよくわかります。「世界の48％の人は1日2ドル未満で生活している」「15％の人は栄養失調である」

僕は、「日本に生まれただけで120％幸せ」ではないかと思うのです。

◆チェンジングマインド

恵まれた環境の中で不満顔をしてはいけない。

両手の中にある小さな幸せに気づき、大切にする。

「コンプレックス」は人を成長させるエネルギー

アーティストの安室奈美恵《あむろなみえ》さんは、2018年9月に出身地の沖縄県で引退コンサートを開きました。このときの経済効果は100億円だったそうです。

彼女は小さいときは色黒で痩《や》せていたそうです。また、母子家庭で貧乏も経験しています。たまたま、友だちについていったダンススクールで才能が開花。東京に出てきて、14歳で歌手デビューします。

僕は、コンプレックスは悪いものではなく、人を成長させるエネルギーだと思っています。このエネルギーが強ければ強いほど、人は変身することができます。

しかし、コンプレックスに執着している人は、変わることができません。

「自分は可愛くないから」とか「うちは貧乏だから」と言っている限り、成長できないのです。

では、どうしたら人は変わることができるのでしょうか？

それは、いま、「変わる！」と決断することです。

たとえば、「ダンサーになりたい」「歌手になりたい」と思ったら、ダンススクールに入る、ボイストレーニングをするなど、目的を達成するために行動に移すことです。

沖縄在住の色黒の小学生は、たぶん、誰よりも変わりたいと思ったのです。

そのエネルギーが、現実を変え、夢をかなえたのです。


僕たちは生きている限り、誰もが大きな悩みを抱えています。いじめられていたこと、仲間はずれにされたこと、ケンカしたこと、失恋したこと、父親や母親の死、あやまちを犯したこともあるし、人を傷つけたこともあるかもしれません。

しかし、それらの過去もすべて、よい未来に変えることができるのです。

◆チェンジングマインド
決断すれば、行動が変わる。

行動が変われば、明日が変わる。

第2章

可能性の扉を開く方法

常識を変える、固定観念を捨てる

「才能のかけ算」で特別な存在になる

堀江《ほりえ》貴文《たかふみ》さんは『多動力』（幻冬舎）という本の中で、「3つの肩書きを持てばあなたの価値は1万倍になる」と言っています。彼は「実業家×コンサルタント×プログラマー×ロケット開発者」と、実にマルチに活躍しています。私も「医師×サーファー×ヴァイオリニスト」の3つの肩書きを本気で目指しています。

今後は、ますますＩｏＴ化（あらゆるものがネットにつながる）が進み、すべての産業の勝負がインターネットという土俵《どひょう》で決まるようになります。

これからの経営者に求められるのは、「変化に対応する力」です。

時代の流れやニーズの変化に対応できる企業が生き残るのです。

ですから、マルチタスクは経営者の基本だといえるでしょう。

周りを見渡してみても、優秀な経営者は、みなマルチタスクです。

その上、毎日をワクワクしながら生きています。肩書きを複数持つように人生戦略を組み立てると、生きることが面白くなるのです。

ときどき、「マルチタスクができるのは、もともと能力が高い人だから」と言う人がいますが、それは違います。なぜなら、能力にこそダイバーシティー（多様性）があるからです。才能のない人など一人もいません。しかし、ほとんどの才能が誰にも気づかれることのないまま、墓に入ってしまうのです。

食べ物を無駄にするのは「もったいない」と言われますが、才能を開花させないことこそ、最大の「もったいない」ではないでしょうか？

僕は44歳でヴァイオリンを始めるとき、7歳の男の子の演奏動画を見ました。

そして、「小学生ができるなら自分にもできる」と言い聞かせました。

こうして僕は、いまも、「できない」のリミッターを外す努力をしているのです。

◆チェンジングマインド

「得意」と「得意」のかけ算でオンリーワンになる。
「2足のわらじ」ではなく「3足のわらじ」を履《は》く。

ジョブズが亡くなる前に教えてくれたこと

iPhoneの生みの親、スティーブ・ジョブズの「最後の言葉」を知っていますか?

「人生において十分にやっていけるだけの富《とみ》を積み上げたあとは、富とは関係のないほかのことを追い求めたほうがよい。それは、人間関係や、芸術や、または若い頃からの夢かもしれない」

ジョブズは自分が生み出した製品で「世界を変える」と宣言し、それを実現させました。けれども、彼は仕事、仕事の一辺倒《いっぺんとう》で、すい臓ガンの治療が遅れました。

ジョブズが命を削って残したメッセージは、「大切なことをしなければ一生後悔することになる」ということです。彼は成功はしても後悔をして亡くなったのです。


僕は毎朝、1杯のコーヒーを飲むのですが、そのとき、「自分はこれからどうなりたいのか?」と人生の目的を問いかけることを日課としています。毎日問いかけないと、いつの間にか本当にやりたいことからズレた行動をしてしまうからです。

人は他人から賞賛されるために生きているわけではありません。

ビジネスでどれだけ成功しても、その人が幸せかどうかはわかりません。

100人いれば100通りの幸せがあるのです。

ジョブズの言うとおり、家族や友だちとの人間関係を大事にしたい人もいるし、芸術を追求する人もいます。自分にしかできないことを表現する生き方もあります。

『ALWAYS　三丁目の夕日』という映画があります。この映画のテーマは家族です。この映画を見ると、成功やお金がちっぽけなもので、貧しくとも家族と一緒に生活することが人間にとって最高の幸せだということが伝わってきます。

あなたがこれからやるべきことは、誰も教えてくれません。だからこそ、自分にとって大切にしたいものは何か、毎日、意識的に考える必要があるのです。

◆チェンジングマインド

自分が本当にやりたいことは何か？

目的を見失わないよう常に自問自答《じもんじとう》する。

一度失われたものは二度と手に入らない

千葉県のお寺のご住職から聞いた話です。

リンゴの木が2本あり、1本の木には青いリンゴがたくさん実っています。そして、そのリンゴは手を伸ばせばすぐに届きます。もう1本の木には赤いリンゴがたった一つだけ実っています。しかも、手を伸ばしても届かない高いところにあります。

さて、あなたはどちらのリンゴを手に入れますか？

青いリンゴと赤いリンゴは、あなたの〝恋人〟のたとえだそうです。

手軽に届くリンゴで妥協《だきょう》するか、困難だけど危険を覚悟して木によじ登るか？

そうした選択の繰り返しで、人生は変化していくのです。

ここで考えてほしいのは、青いリンゴを手に入れた人には「やっぱり、赤いリンゴを食べたかった」という思いが消えないということです。しかし、あとで気づいても、赤いリンゴはもうほかの人に取られてしまって永遠に手に入らないのです。

人生には楽な道と困難な道があります。

楽な道を行けば小さな成功と小さな富を手に入れることができます。

困難な道を行けば大きな成功、大きな富を手に入れることができます。

困難な道から逃げ出したくなったときには、「自分は、どっちのリンゴを手に入れたいのか?」を問いかけましょう。青いリンゴが本当にほしいなら、いいのです。ですが、逃げる選択をした後に残るのは、後悔だけです。

人生という曲がりくねった道には、いくつもの高い山が立ちはだかっています。

そんなとき、「山を見るのか、山の向こう側を見るのか」によって人生はまるで変わってきます。「山の向こう側に愛《いと》しい人が住んでいる」と思えば、山を越えるのが苦労ではなく、楽しみに変わります。目の前の高い山は〝障害物《しょうがいぶつ》〟に見えますが、それを乗り越えたあとに得られるのは、大きな〝喜び〟なのです。

◆チェンジングマインド

苦労は一瞬、後悔は一生。

迷ったら、「後悔しない道」を選ぶ。

あきらめない限り失敗はない

お笑いの殿堂《でんどう》、吉本興業《よしもとこうぎょう》の養成所に入った芸人は、必ずこう言われるそうです。

「皆さんは、全員、芸人になれます。ただし、途中であきらめないでください」

97％の芸人が、途中であきらめて消えていきます。いま、テレビに出ている3％の芸人に共通する要素は、10年経っても20年経ってもあきらめなかったことです。

「失敗ではない。うまくいかない1万通りの方法を発見したのだ」

エジソンの有名な言葉が教えてくれるように、世の中に失敗はありません。

エジソンは失敗の概念を変え、できなかったことは「実験」だと考えました。これから成功させればよいだけのことです。1回目はうまくいかなかっただけで、いくらでも挑戦できるのです。次にトライしないから「失敗」という結果で終わるのです。

僕は3浪して医大に入りましたが、1回目、2回目のトライであきらめていたら、人生は失敗で終わったでしょう。離婚も再婚も経験していますが、どちらも自分を成長させてくれた貴重な経験だと常に感謝の心を持つようにしています。

お金がなくて消費者金融から借りたこともありますが、それがきっかけで10倍、100倍稼げるようになりました。挑戦し続けている限り失敗ではないのです。

狂言《きょうげん》の世界で人間国宝になった野村万作《のむらまんさく》さんは「60、70はハナタレ小僧。80でやっと一人前」と言い、本当に80歳を過ぎてから狂言の世界のトップに立ちました。

また、人形浄瑠璃《じょうるり》の文楽《ぶんらく》で史上最高齢の89歳で引退した竹本住大夫《たけもとすみたゆう》さんは、90歳に近づいてから、「僕もそろそろ老後のことを考えなければならない」と言いました。

日本の古典芸術の世界では、死ぬまで成長しかないのです。

こういう話を聞くと、40代、50代で悩んでいるのがバカらしくなりませんか？

◆チェンジングマインド

「成功」の反対は「失敗」ではなく「あきらめ」。
「挑戦」するのに遅すぎることはない。

イタリアでは警察官がナンパする

フェイスブックの創業者マーク・ザッカーバーグは、「紙を電子にチェンジする」ことで、世界を変え、巨万の富を得ました。もともと、アメリカの高校や大学には、新入生の顔写真とプロフィールを掲載した「フェイスブック」という小冊子がありました。当然、彼の母校のハーバード大学にもあったわけで、それをオンライン化したのが全世界で20億人以上の利用者を持つ「フェイスブック」の始まりです。

常識という「固定観念《こていかんねん》」が、私たちの可能性を制限しています。

僕が専門とする美容に関しても、場所が変われば常識が変わります。

まず、「小顔」が可愛いとされているのは日本だけでしょう。「色白で痩せている女性」がモテるのも日本だけです。細身のオードリー・ヘップバーンは日本人には大人気ですが、海外ではグラマラスなマリリン・モンローのほうが、人気が上です。

あるときテレビで見たのですが、ぽっちゃり女子が人気のフィジーでは、お笑いタレントの森三中が大モテでした。場所が変われば「美人」の基準も変わるのです。日本で「ブサイク」と言われている人は、海外に行くとあまりにモテるのでびっくりします。僕の知りあいの女性は、イタリアでタクシー運転手や警察官にナンパされて喜んでいました。彼女は容姿が原因で中学生のときイジメにあったのですが、いまでは毎年イタリアに行ってたくさんの恋人をつくり、人生をエンジョイしています。

狭い島国に生まれた日本人は、もっとほかの国の考え方を認めなければ、大恥《おおはじ》をかくことになります。たとえば、日本人は食器を持って食べていますが、フレンチレストランではとんでもないマナー違反です。ラーメンやそばといった麺類をすする音は、欧米では大ひんしゅくを買います。また、屋外でお酒を飲むことも海外ではあり得ないことです。日本人が大好きな「お花見」は、大変ハレンチな行為なのです。

◆チェンジングマインド

「基準」は場所によって変わる。
自分の「固定観念」をチェンジする。

「常識」は時代によって変わっていく

「先生、絶対にバレないようにしてもらえますか?」

僕のクリニックでは、1日に何件も、女性からこんな相談を受けます。

日本では美容整形に対し、ネガティブな印象を持たれている方が多くいます。

ところが、韓国では、まるで違います。美容整形は当たり前。

一人が手術すると、「わーっ、いいなー。どこでやったの? 教えて、教えて」と注目されます。すでに市民権を得ていて、手術後に大きく腫《は》れ上がった鼻にギプスをはめ、顔の下半分が隠れるような巨大なマスクをしながら歩いている人や、会社の昼休みに手術した人が、顔にガーゼやテープを貼《は》りつけたままランチを食べている様子を目にします。むしろ、手術したほうがオシャレだと言われるのです。

中国も同じです。僕が中国で豊胸《ほうきょう》の手術をするときは、中国の若手ドクターの研修を兼《か》ねてやるのですが、「今日、豊胸手術のセミナーをやります」と告知をすると、セミナールームに20名くらいの豊胸手術を受けたい女性が集まってきます。

スライドを使って説明をしたあと、「じゃあ、この手術をやりたい人」と尋《たず》ねると、「はい、はい！」と5人くらいの手が挙がります。そして、その日のうちに「じゃあ、あなたは1番、あなたは2番」というように次々と手術が行なわれていくのです。

こんなにもオープンな状態は、日本では考えられません。


僕は、日本の美容外科に対する常識を変えたいと思っています。

そもそも、韓国は儒教《じゅきょう》の国です。美容整形に対して、最初から寛容《かんよう》だったわけではありません。むしろ、閉鎖的でした。けれども、いまはまったく違います。

きっかけは、韓国の有名女優が整形をオープンにしたことでした。それが「潔《いさぎよ》くてかっこいい」と評価され、整形がクールだと思われるようになったのです。

◆チェンジングマインド

常識は、国によって違う。

常識は、いまから、変えることができる。

井戸の中のカエルは「垂直思考」

日本中に「シャッター商店街」が広がっています。全国に約1万2600ある商店街のうち、7割が衰退状態だと言います。これは商店街の経営者たちが環境の変化に気づかず、または気づいていてもビジネスモデルを変えなかったからでしょう。

時代の変化に気づき、対応できる人になるにはどうすればよいのでしょうか？

それには、脳の回路をチェンジする必要があります。「気づく人」の脳は「水平思考」です。つまり、物事を一面的にではなく、幅広く、俯瞰《ふかん》的に捉《とら》えられるのです。

一方、「気づかない人」の脳は「垂直思考」です。井戸の中のカエルと同じように思考が自分の目の前の状況（＝垂直方向）にしか向きません。

ですから、「変化に対応できる人」になってください。環境の変化に気づいたら即《そく》行動することです。よいと思ったことを、とにかく実践《じっせん》してみましょう。

「気づいているけれど対応できない人」もいます。彼らの特徴は理屈っぽくて、行動につながりません。自分の井戸（＝慣れ親しんだ環境）から出るのを恐れる人、好奇心より恐怖心が強い人が該当します。さて、あなたは、どのタイプですか？

時代は否応《いやおう》なく変化し続けています。SNSの先駆《さきが》けだったｍｉｘｉも、すっかり廃《すた》れてしまいました。ブログ、フェイスブック、ユーチューブ、ツイッター、インスタグラム、ライン、……。次々に登場するコミュニケーションツールによって、私たちの環境はこれからも大きく変わっていくでしょう。

「井の中の蛙《かわず》、大海《たいかい》を知らず」に続けて「されど空の深さを知る」と言うこともあります。自分ではどんなに成長しているつもりでも、結局は井戸の深さで成長は止まってしまうことがないよう、本当に世の中を知り、大きく成長するには井戸から見る広い空へ、すなわち新しい環境に飛び込んでいく勇気が必要なのです。

◆チェンジングマインド

「垂直思考」ではなく、「水平思考」で考える。
時代の変化に気づいたら即行動する。

すぐ役立つことは、すぐ役立たなくなる

東大生を多数輩出している高校の一つに、兵庫県の灘《なだ》高校があります。そこの名物教師だった橋本武《はしもとたけし》先生は、3年間をかけて『銀の匙《さじ》』という小説を生徒全員に読ませていました。その授業は非常にユニークでした。文中に飴《あめ》が出てきたら、生徒に飴を舐《な》めさせながら授業を進めるなど、たった1行の文章を1時間かけて深掘りすることもあったそうです。

「読むスピードが大事ではない。すぐに役立つことは、すぐに役立たなくなる」

2013年に101歳で他界された橋本先生は、国語力を「学ぶ力の背骨《せぼね》」と呼んでいました。

「バイリンガル（2ヶ国語を自由に話せる人）」は「モノリンガル（1ヶ国語しか話せない人）」より思考力が低いという驚くべき調査データがあります。

母国語がきちんと話せるようになる前に子どもにほかの言語を習わせると、どちら

の言葉で考えてよいかわからず言語力が低下するというのです。

頭の中で使う「思考言語」が定《さだ》まっていないと、「抽象的思考力《ちゅうしょうてき》」が育ちません。

抽象的思考力とは、目に見えないものを議論する力のことです。

たとえば、「わだかまり」や「うっぷん」という感情表現は、日本人でなければわからない微妙なニュアンスを含んでいます。バイリンガル教育を受けていると、その意味あいがわからず、抽象的思考力が薄まってしまうのです。


海外に行くと、英語が話せるからといって誰も尊敬してくれません。なぜなら、誰でも英語を話せるからです。

海外で尊敬される人とは、日本の歴史や文化、民族性を自分の言葉で語れる人、すなわち日本人として確固《かっこ》たるアイデンティティを持っている人なのです。

◆チェンジングマインド
外国語よりも母国語に磨《みが》きをかけよう。

大切なのは日本人としてのアイデンティティ。

自分の「正しさ」にしがみつかない

「他人を思い通りに動かす心理学」「ヤクザに学ぶ交渉術」……そんなテーマの本がベストセラーになっています。しかし、自分の主張ばかり押し通していると、次第に周囲の反感を買い、恨《うら》まれ、孤立していきます。「自分は正しい」をゴリ押しする人は一時的に得《とく》をしているように見えても、結局大きな損をしていると僕は思います。

自分の主張は自分にとって正しいものです。なぜなら、それまでの経験で常に正しかったからです。しかし、視点を変えると、相手にとっては間違いなのです。

ほとんどの家庭の離婚は、お互いの正しさをぶつけあった結果です。もともと育ってきた環境が違う二人が一緒に暮らすのです。どちらの意見も正しいと認めた上で相手の話を聞き、妥協《だきょう》点を見つけ出すのが、和解する近道なのです。

たとえ、自分が100％正しくても相手を追い詰めてはいけません。

中国の歴史書『三国志』にも、城攻めの際は一ヶ所だけ逃げ道を残しておくという戦術が示されています。逃げ道を用意しておけば、城の守備兵は死ぬまで戦うよりも最後は逃げ出すことを選びます。しかし、退路を断つと兵士は必死で抵抗するでしょう。その結果、こちらも思いがけない損害を受けるのです。

では、どうすれば他人の意見をしっかり聞く人になれるのでしょうか？

僕がおすすめする方法は「メモを取りながら話を聞く」ことです。たとえば、もしあなたが病院に行ったら、ぜひメモを取りつつ医師の話を聞いてみてください。その効果は驚くほどで、医師は普段《ふだん》以上にしっかり病気の説明をしてくれるはずです。「私はあなたの話を聞いています」と相手に伝わるとともに、メモを取ると自分でも要点が整理できます。

◆チェンジングマインド

自分ばかり主張する人は損をしている。

視点を変えて相手の「正しさ」を理解する。

「想定外」を認めると イライラが消える

2014年の冬、大韓航空のファーストクラスに乗客として乗っていた大韓航空副社長がCAのピーナッツの出し方にクレームをつけ、大声で暴言《ぼうげん》を吐いて離陸前の飛行機を搭乗ゲートに引き返させた事件が、世界中のメディアを賑《にぎ》わせました。

この「ナッツリターン事件」は、大韓航空の一族経営への批判を招き、暴言を吐いた副社長は「ナッツ姫」と揶揄《やゆ》されました。

僕はよく飛行機に乗りますが、ナッツ姫ほどではなくてもCAに横柄《おうへい》な態度を取っている人をよく見かけます。特にキレる人が多いのは、出発が遅延《ちえん》しているときです。飛行機が遅れるのは、安全を最優先しているからです。おかげで命が守られているのですから感謝すべきことで、CAに文句をぶつけるのは、とんだおかど違いです。

突発的な状況の中では、人間力が問われます。

不測の事態があることをわかっている人は、ちゃんと準備をしています。単行本を読んだり、メールをチェックしたり、パソコンで機内でも仕事をこなしています。
同じようなシチュエーションは、日常にもたくさんあります。
待ち合わせの相手が来なくて電話をかけたら「ごめん、寝てた」と言われた……。
部下に会議の資料をつくるように命じたのに「聞いていません」と言われた……。

すでに、起こった事実は変えられません。変えられないものを変えようとしても、徒労《とろう》に終わります。そこで、日常の心構えとして、こう考えると気が楽になります。
・常に、想定外の事件や事故は起こるもの。
・いつか、自分も巻き添えになるかもしれない。
予期せぬことが起こったとき、あなたはどうするか？　その後、どう気持ちを切り替え、どんな行動をチョイスするかによって、人生は変わっていくのです。

◆チェンジングマインド
人生は「想定外」の連続だと割り切る。
普段から「不測の事態」に備えておく。

信用を得るには20年、失うのは5分

「飲食店の無断《むだん》キャンセルの損害額」を知っていますか？

お客が居酒屋などを予約して、すっぽかすことによる損害は、なんと年間2000億円にものぼるそうです。

そもそも飲食業界は利益率が低く、平均営業利益率は4・1%しかありません。無断キャンセルさえなければ利益率は0・8%上昇するという試算もあり、いまこそ日本人のモラルが問われています。

約束を守らない人は、さまざまなものを失います。

「時間」「お金」「友情」「恋人」「信頼」「仕事」「これまでの実績」……。

世界的な長者番付の常連で投資家のウォーレン・バフェットは、こう言っています。

「周囲の人からそれなりの信用を得るには20年かかる。だが、その信用はたった5分で崩れることがある」

バフェットの一言《ひとこと》は文字どおり世界中の投資状況を左右しますから、彼は自分の言葉や行動がどれほど重いか知っているのです。

相手と約束するとき、小指を絡《から》めて「指切りげんまん、ウソついたら針千本飲ます」と言います。この指切りげんまんの「指切り」は、江戸時代に遊女と客が変わらぬ愛情を誓《ちか》う証《あかし》として、お互いの小指を切断して贈りあったことに由来するそうです。それが、一般的な約束の仕草として広まったわけですが、語源を考えれば約束とはとても責任が重いのです。

さらに、指切りげんまんの「げんまん」は「拳万」と書き、「約束を守らなかったら1万発殴《なぐ》る」ということで、これもただ事ではありません。このように約束とは、破れば1万発殴られ、針を千本飲まされるくらい重大なものなのです。

◆チェンジングマインド
成功者は約束の怖さを知っている。
約束を破る人は多くのものを失う。

第3章

人生はいつでもやり直すことができる

誰にでも挑戦する権利がある

老人の7割が後悔していること

アメリカに興味深いデータがあります。80歳以上の高齢者を対象に「人生で最も後悔していることは何ですか?」という質問をしました。それに対し、70%の方が同じ答えでした。その解答は、「チャレンジしなかった」ことです。

「チャレンジする人生」とは、自分が主役になる人生のことです。

NHKの大河ドラマの主役は、その年に一番輝いている俳優や女優さんですが、あなたの人生の〝主役〟は「あなた」です。あなたしかいないのです。

あなたは誰かの脇役《わきやく》ではなく、自分の人生の主役として生きることができるのです。

ブラック企業に縛りつけられている必要もなく、嫌な上司にこびへつらう必要もなく、わがままな恋人に振り回される必要もないのです。

いますぐにでも、あなたが会社を選び、上司を選び、恋人を選ぶことができるのです。

それなのに、多くの人たちが〝脇役〟に甘んじています。

どうして、自分の人生なのに自分が主役にならないのでしょうか？

大河ドラマは1年で終わります。あなたの人生はあと何年で幕を閉じますか？


いまより若い日は永遠に来ないように、あとになってどんなに望んでも、過ぎてしまった日は戻ってきません。だからこそ、チャレンジすることが大事なのです。

チャレンジとは、「自分の心に正直に生きる」ことです。

こんなに簡単なことなのに、ほとんどの人がやっていません。

そんな、あなたの背中を押してくれる最高のキャッチコピーがあります。

「そうだ京都、行こう」（JR東海）

「行ってみたい」「食べてみたい」「やってみたい」という願望がチャレンジの第一歩なのです。

◆チェンジングマインド
好奇心《こうきしん》がチャレンジの第一歩。

人生ドラマの「主役」になる。

「橋を渡らない人」が手に入れたもの

〝橋〟は「この世とあの世」や「聖と俗」の境界であったり、「現在と未来」をつなぐ象徴としても使われることがあります。

世の中には、生き方として3種類の人がいます。

「危ない橋を渡る人」「石橋を叩いて渡る人」「橋を渡らない人」

「危ない橋を渡る人」は、渡れる確率が10％でも勝負する、競馬で言う大穴《おおあな》狙いの性格です。「人生は一発勝負」という信念の持ち主で、目先の欲につられ、すべてを失ってしまいがちです。

「石橋を叩いて渡る人」の特徴は、リスクを最小限に抑えて前に進みます。時間はかかりますが着実に前進し、やがて欲しいものを手に入れ、夢をかなえるでしょう。

「橋を渡らない人」は、人生で「後悔」しか手に入れられません。なぜなら、一歩も前に進まないので、自分の目指すところに決して到着できないからです。

死ぬときには、きっと橋を渡らなかったことを悔やむでしょう。

日本人に最も多いのは「橋を渡らない」タイプです。リスクを取って儲《もう》けようとする「狩猟《しゅりょう》民族」ではなく、とにかく損《そん》をしたくないと考える「農耕《のうこう》民族」だからです。目先《めさき》の小さなリスクを心配して大きなリスクを見ようとしないため、派手な宣伝や広告に簡単に乗せられてしまいます。毎日1円単位で節約をしている人が、毎月高額のスマホ代を払っていたり、たくさんの保険に入っていることはその好例でしょう。

ちなみに、「橋を渡らない人」は、「タンス貯金」をするタイプです。タンスに現金を貯《た》めておくと、消費税アップや物価高、円安などによって毎年5％くらいお金の価値は目減《めべ》りします。

つまり、お金を投資に回す（＝橋を渡る）ことをせずに、タンスに貯めておく（＝橋を渡らない）人は一生懸命、お金を減らしているようなものなのです。

◆チェンジングマインド

「何もしないこと」は最大のリスクである。
渡るべき橋を見極《みきわ》め、覚悟《かくご》を決めて渡る。

数百年間、卵は立たないと思われていた

突然ですが、「卵を立ててください」と言われたら、立たせることができますか？

中国の古典にあった「立春の日にだけ卵が立つ」という記述の真偽《しんぎ》を確かめるために戦後間もない1947年、上海、ニューヨーク、東京の3ヶ所で実験が行なわれました。

結論から言うと、「卵は立つもの」なのです。卵の表面はザラザラしているので、それが脚の役割を果たすのです。当時の物理学者は「コロンブス以前の時代から今日まで、世界中の人間が、間違って卵は立たないものと思っていただけのことである」と言っています（物理学者の故・中谷宇吉郎《なかやうきちろう》「立春の卵」）。

この話を聞いて僕も生卵を立たせてみたら、5分で立ちました。つまり、卵は立たないものだと思い込んでいたから、誰も立たせようとしなかっただけだったのです。

フィギュアスケートの4回転ジャンプといえば冬季オリンピックの華《はな》の一つですが、昔は4回転なんて不可能だと思われていました。100メートル走で10秒を切ること

も、人類には絶対無理だと言われていました。ところが、一人達成した選手が現れると、世界中のアスリートが次々にその壁を越えていきました。

誰も達成していないことは、やってみる前からできないと思い込んでいるのです。

僕が友人に、「音楽は楽しいよ、やってみたらいいやん」と言っても、「いやぁ、楽《がく》譜《ふ》を読める気がしないし」などと言う人がいます。

けれども、楽譜が読めないわけがないのです。ひらがな、カタカナ、漢字が読める人なら誰でも、数時間で楽譜は理解できます。テンポと音程の組み合わせを見て、この記号を見たらこうする、という神経回路をつなぐ訓練をするだけなのですから。

やる前からできないと思っていては、何もできるようになりませんし、少しやってすぐにあきらめているようでは、「未来の卵（＝可能性）」は手に入らないのです。

◆チェンジングマインド

できないと思うとできない、できると思えばできる。

自分の可能性にフタをしてはいけない。

「前例」がなければつくり出せばいい

世界に誇《ほこ》る漫画家の手塚治虫《てづかおさむ》さんの描いた作品で一番売れたのは、『鉄腕《てつわん》アトム』ではなく『ブラック・ジャック』です。世界で1億7000万部売れ、一巻（全25巻）当たりの売り上げは、『ドラゴンボール』も『ONE PIECE』もまったく及びません。

この漫画がきっかけで、僕は医者を目指しました。

僕の歩んできた道は、両親に反対されっぱなしでした。漫画は教育に悪いという価値観で、僕の家には漫画が一切《いっさい》ありませんでした。読めるのは、いとこの家に行ったときだけで、そこに『ブラック・ジャック』があったのです！

小学生だった僕は、貪《むさぼ》るように漫画を読みました。主人公のブラック・ジャックが事故にあった人間を別人の顔に変えるドラマに憧れて、形成外科医になったのです。

高校生になって「医学部に行きたい」と言ったとき、親は大反対しました。

「いままでうちの親類で、医者になったやつは一人もいない」

「うちの血筋《ちすじ》じゃ無理、お前の頭じゃ無理」

反論の余地もなく、頭ごなしにダメ出しの連続でした。

僕は、芽を出したばかりの双葉《ふたば》を踏《ふ》みにじられる思いでした。


人生で一番後悔するのは、失敗したときではありません。チャンスがあったのに何もやらなかったときです。何も冒険しない人生を送って、最期のときに、「ああ、自分の人生は何事もなくてよかった」と思って死ぬ人はいないでしょう。

無理かどうかは、やってみなければわかりません。

トライしてから、別の方向に進む道だってあるのです。

どんな有名人でも、最初は無名《むめい》の人です。僕は、「うちの家系に医者が一人もいないのだったら、自分が〝最初の人〟になろう」と決意しました。

◆チェンジングマインド
やる前からあきらめている人は一生変われない。

自分が〝最初の人〟になる。

人生は自分の体を使った「人体実験」

『レバレッジ』シリーズを中心に著書累計《るいけい》250万部超の著者・本田直之《ほんだなおゆき》さんは「人生は壮大《そうだい》な実験である」と言っています。ノマドの達人のような方で、本田さんは1年の6ヶ月をハワイ、3ヶ月を東京、残りをヨーロッパ、アジアなどを旅しながら過ごしているそうです。これも、どの国が快適かという実験でしょう。

僕も人生は「実験の連続」だと考えています。

人生そのものは一度きりですが、生きているうちにいろいろな「実験」ができます。

たとえば、大失恋をしても、それは一つの実験です。実験の結果、その人とは合わないことがわかったのです。また、会社をクビになるのも実験です。自分はその会社に合わなかったという結果が出ただけで、落ち込む必要はまったくありません。

人生でもったいないことは、失敗を恐れて「実験」をしないことです。せっかく実験室にいるのに、「爆発したらどうしよう」と恐れて何もしないようなものです。

さて、あなたは自分の人生で実験をしていますか？　いまの会社に居続ける必要がありますか？　いまのパートナーはあなたを高めてくれますか？　もしかすると、あなたの居場所は日本ではないかもしれません。

「建てない建築家」という肩書きを持つ坂口恭平《さかぐちきょうへい》さんは、建築家でありながらいまの日本で常識とされている「土地を買って家を建てる」こと自体に疑問を持ち、車輪つきの「モバイルハウス」という住宅を提案しています。

ほとんどの人は「家は動かない」という価値観で生きていますが、世の中には「家が動いてもいい」と考える人もいるのです。このように固定観念を覆《くつがえ》すことによって、人は誰も考えつかなかった新しい体験ができるのです。

あなたも既存《きぞん》の枠《わく》を取り払い、人生の「実験」を心から楽しんでください。

◆チェンジングマインド

人生は「実験」、失敗したらやり直せばいい。
「ワクワク」することは「常識の外」にある。

「沈黙は金なり」は間違いだった

日本には、夢や憧《あこが》れを実現する前に口に出すことをよくないとする文化があります。「沈黙《ちんもく》は金《きん》なり」「不言実行《ふげんじっこう》」「言わぬが花」「言わぬは言うに勝《まさ》る」など。現代でもそうした価値観が色濃く残っています。

僕は小さいころ、「あれがやりたい、これがやりたい」と言っては、母に「失敗したらどうするの！」と叱られていました。

医師免許を取るとき、開業したとき、大学院に進学するとき、音大に入るとき、すべて反対されました。親としては子どもに安全な人生を送ってほしかったのです。

それでも僕は、「あれがやりたい、これがやりたい」と言い続けたのです。

すると、たくさんの人たちが「あそこに行ってお願いしてみたら」と紹介してくれたり、応援してくれたり、情報を提供してくれるようになったのです。

いままでは絶対不可能に思えていたことが、奇跡《きせき》のように実現していったのです。

「口に出して言う」ことがとても大事です。あなたが夢を語ることで失うものは何もありません。できなくても誰に迷惑《めいわく》をかけることもありません。

失敗して恥ずかしい思いをするくらいなら何にもしないままでいるか、逆に、チャレンジしなかったことを恥ずかしいと思うのか、どちらが望む未来を引き寄せるか、答えは明確ですよね。

「沈黙は金なり」の意味は、もともとは雄弁《ゆうべん》を称《たた》えた格言でした。

「Speech is silver, Silence is golden」という西欧の格言が先にあってその翻訳として「沈黙は金なり、雄弁は銀なり」という格言が生まれたのですが、この表現が成立した時代は、金よりも銀の方が高価値だったのです。時代が進むにつれて金の価値が銀よりも高くなり、次第に沈黙を称える意味へと変化していったのです。

◆チェンジングマインド

夢を語っても失うものは何もない。

口に出すと手に入れたい未来を引き寄せられる。

「どん底」は飛躍のチャンス

インドのカースト（身分制度）下層の人が多く住むブッダガヤでは、子どもたちが学ぶ環境はほとんど整えられていません。

子どもも労働力と考えられており、なかなか学校に通わせてもらえないのです。朝起きて、水牛の世話や農作業を終えてから学校に行き、帰宅してから夕食まで働き、それからようやく勉強できるのです。家はたびたび停電するため、夜は月明かりで勉強しています。

ノートもなく、あるのは手持ちの小さな黒板とチョークだけです。ところが、彼らが学んでいる算数と英語のレベルは、日本より格段に進んでいます。キラキラと目を輝《かがや》かせて教科書を読む姿には、たくましい生活力を感じます。

彼らを見ていると「学ぶためにはよい環境が必要」という考えが誤《あやま》りであることに気がつきます。私たちは学ぶ意思さえあれば、どんな環境でも学べるのです。

ノートも筆記具も与えられ、義務教育で通える学校がありながら、日本で引きこもりが社会問題になっているのは皮肉なことです。物質面で豊かになるに従《したが》い、子どもたちの生活力が低下していることを僕は心配しています。

ブッダガヤの子どもたちほどではありませんが、僕も子どものころに貧乏とひもじさを経験しました。当時は苦しかったけれども、あの経験があるから、いまの僕があることに間違いはありません。

現代の日本人には、「どん底」を体験する機会が減っています。嫌なら「やめる」、怖ければ「やらない」、問題から「逃げる」という選択をしても生きていけるからです。

もし、あなたがいま、「人生のどん底」だと思っているなら、それはとてもラッキーなことかもしれません。これから飛躍《ひやく》的に成長できるチャンスなのです。

◆チェンジングマインド

恵まれない環境を嘆《なげ》いてはいけない。

環境が「ハングリー精神」を育てる。

「ありのままの自分」になりたくない女子高生

芸能人でもスター歌手や有名俳優は、ファンとのツーショット写真を撮りません。性格が悪いから断っているのではありません。芸能人の仕事は雑誌やテレビなどに「美しい姿」で登場することです。ですから、うかつに半開きの目やニキビが浮かんだ顔でカメラに撮られるわけにはいかないのです。

この芸能人と同じような現象が渋谷の女子高校生を中心に広まっています。彼女たちのスマートフォンには撮影した写真を自動的に美人になるよう補正してくれるアプリが入っています。そして、彼女たちはその「盛《も》った」写真をツイッターやインスタグラムなどにアップし、周囲から「いいね！」をもらうことに夢中になっています。

もし、彼女たちを「普通のカメラ」で撮ったら、きっと怒るでしょう。

彼女たちは「盛られた写真」以外、「自分の写真」として残したくないからです。「本当の自分をさらけ出したくない」というコンプレックスがあるのです。

この「本当の自分を好きになれない」という精神状態は、あなたが幸せに生きるための大きな障害になります。なぜなら、「自分が好き」という思いは、人生を切り開く行動力の土台だからです。

これには、家庭の影響が大きいと僕は考えています。たとえば、テストで80点を取っても「まだ20点足りない」と言われます。日本は加点《かてん》主義ではなく減点主義だからです。このような「欠点ばかり指摘する家庭環境」や「注意・禁止・比較する学校教育」によって、「自分を好きになれない大人」がどんどん量産されてきたのです。

しかし、いまからでも自分を好きになることはできます。

「自分が好きなことを見つける」「その才能を磨く」「その力で多くの人を喜ばせる」3つのステップを踏むことで、あなたは自分のことが大好きになっていくはずです。

◆チェンジングマインド

「自分を好きになる」と幸せの扉《とびら》が開く。
大好きなことで人を喜ばせる。

「感情」は変えられない、「行動」は変えられる

最近、イライラしたこと、怒ったこと、怒鳴《どな》ったことはありますか？

仕事で疲れたサラリーマンにとって、晩ごはん前の1杯のビールはささやかな幸せです。ところが、冷蔵庫の扉をバッと開けた瞬間、「あっ、ない！」

さて、あなたなら、このシチュエーションで奥さんに何と声をかけるでしょうか？

「ビール冷やしとけって言っただろ！」

「はぁ？　私だってパートして、子守りして、洗濯物《せんたくもの》取り込んで、夕食作ってるのに、何言っちゃってんの？」と奥さんも頭に血がのぼって、大ゲンカ。

ブチ切れることで、冷たいビールは手に入りません。内心「このボケ」と思っても、それを言うと望む未来が遠のくのは明らかです。起こっていること（＝ビールがないという事実）は変えられないけれど、その次にとる行動は変えることができます。

爽《さわ》やかに「ビールがないんで、ちょっとコンビニ行ってくるね」と言えば、「あら、

ごめんなさいね」となり、その後、二人で仲良くビールを飲めばいいんです。

大切なことは「自分が何を思っているか」ではなく、「どう行動するか」です。

他人から見えるのは、あなたの感情ではありません。

あなたがどんな行動をしたかによってしか、あなたの人格は判断されないからです。


人間関係は、「行動スキル」でできています。

若い夫婦がすぐに離婚するのは、行動スキルが身についていないからです。

「いまつきあっている人はすごくいい、といっても、実際は前につきあっていた人と大して変わらない。要するに自分も成長しているし、相手も成長しているから」

これは先日亡くなられた女優、樹木希林《ききききりん》さんの言葉です。たとえ、同じ人が二度現れたとしても、同じ結果にはなりません。前の恋愛で成長しているからです。

◆チェンジングマインド

感情は変えられないが、行動はコントロールできる。

「行動スキル」を身につけることで別な未来が手に入る。

口グセは「きっと」「必ず」「今度こそ」

あなたは普段、「どうせ」「でも」「だって」を口グセにしてはいませんか？

僕はこの３つの言葉を「ネガティブ３Ｄ」と名づけ、普段から口にしないよう気をつけています。なぜなら、この言葉のあとに続く言葉はすべて、否定や責任転嫁《てんか》、できない言い訳なのです。

サラリーマンは１日平均７回、「でも」という言葉を使っているそうです。一方、僕に限らず経営者で「３Ｄ」を口にする人はいません。なぜなら、そんな言葉を言うようでは経営という仕事は務《つと》まらないからです。

アメリカの文化人類学者Ｄ・Ｋ・レイノルズ博士は、人が「できない」と言う事柄《ことがら》の99％は「本当にできない（＝不可能である）」のではなく、単に「やらない（＝やりたくない）」だけだと言っています。本当に「できない」状態とは、牢屋《ろうや》で手足を縛《しば》られているなど行動の自由が奪《うば》われている場合だけで、ほとんどの場合は「責任」

から逃げるために「できない」と言っているのです。

ところが恐ろしいことに、人間の脳は自分が口にした言葉を「真実」だと信じてしまう習性があります。つまり、「できない」を口グセにしていると、本当に「できない」状況をつくり出してしまうのです。

人を行動から遠ざける「ネガティブ3D」を次の言葉に変えてみましょう。「きっと」「必ず」「今度こそ」です。この言葉は、肯定《こうてい》、責任感、挑戦する勇気につながります。「ポジティブ3K」の口グセに置き換えることで、あなたは明るい未来に向かって第一歩を踏み出せるようになります。

経営の神様と呼ばれた松下幸之助《まつしたこうのすけ》さんも「自分は運がいい」と思っている人を採用したそうです。どんな言葉を選び、口にするかで明日が変わるのです。

◆チェンジングマインド

「言葉」を変えれば「意識」が変わる。
「意識」が変わると「行動」も変わる。

歩き方には「生きざま」がにじみ出る

アメリカのストップモーション・アニメのクリエイターであるケヴィン・パリーさんは、「ランニングマシーンの上で100通りの歩き方をする動画」をユーチューブで公開し、人気を集めています。その動画で、彼は歩き方だけで子どもから老人、さらには怒っている人、気取っている人、小心な人、夢遊病《むゆうびょう》の人などを再現しています。

このように歩き方によって年齢や性別、感情や性格まで表せるということは、私たちは歩き方で、どういう人なのか周囲から評価されているのかもしれません。

たとえば、高校の通学路で観察しているとわかりますが、一流高校に通う生徒はまっすぐに前を向き、軽快《けいかい》な足取りで歩いています。ところが、三流高校の生徒たちはスマホをいじりつつ、友人たちとダべりながらダラダラと歩いています。背筋《せすじ》も曲がっていて、歩き方もかかとを引きずるようで覇気《はき》がありません。

歩き方にこれほど違いが出るのは、おそらく目的に向かって、前を見すえて歩いている人と、目的のないまま惰性《だせい》で歩いている人の生き方の違いによるものだと思います。今日やるべきことがわかっている人とわかっていない人は、歩き方を見るだけで区別できるのです。

歩き方の違いは、健康状態にも影響を及ぼします。理学療法士の田中尚喜《たなかなおき》さんによると、正しくない歩き方は骨盤《こつばん》や筋肉を痛めてしまうそうです。

ある意味で「人生は歩き方次第」と言っても過言ではありません。

「ゆく河の流れは絶えずして……」という書き出しで有名な随筆『方丈記《ほうじょうき》』の著者・鴨長明《かものちょうめい》も、「つねに歩き《あり》、つねに働くは養生《ようじょう》なるべし」と述べています。

歩くこと、働くことは長生きにつながります。方丈記が書かれたのはおよそ800年前の鎌倉時代ですから、正しく歩くことは昔から健康によいとわかっていたのです。

◆チェンジングマインド
歩き方で他人の「評価」が変わる。
歩き方を変えれば「人生」が変わる。

どんなに歳をとっても挑戦し続ける人たち

登山家の三浦雄一郎《みうらゆういちろう》さんは、80歳という史上最高齢でエベレスト登頂に成功しました。

「チャレンジすること」は若者だけの特権《とっけん》ではありません。30代、40代で守りに入っている若者もいれば、80歳になってもチャレンジし続けている人もいるのです。

あなたが何かをやろうとすると親や先生、友人・知人に必ず止められるでしょう。「やめときなよ（制止）」「失敗するよ（脅迫《きょうはく》）」「うまくいくはずがない（否定）」「また変なことを言い出して（無理解）」など、あの手この手で止めにかかるのです。

人間は「現状維持」を望む生き物です。それは危険を避けるための本能です。しかし、もし人間が「現状維持」だけを続けていたら、おそらく絶滅《ぜつめつ》していたでしょう。

なぜなら、生きるためには勇気を出して獲物《えもの》を狩らなければなりません。

それまで住んでいた地域の気候が大きく変化したときには、住みよい新天地《しんてんち》を求めて長距離を移動しなければならなかったはずです。これらを成し遂げられたのは、「チャレンジする本能」に従った勇敢《ゆうかん》な人々のおかげです。

三浦雄一郎さんがエベレストに登る前の最高齢記録の保持者は、ミン・バハドゥール・シェルチャンというネパール人の登山家でした。彼は76歳でエベレストに登った世界記録を持っており、それが２０１３年に三浦雄一郎氏によって破られたのです。

そして、２０１７年5月に85歳で再びエベレスト登頂にチャレンジし、ベースキャンプで心臓発作のため亡くなりました。

僕は、シェルチャンさんの人生はとても幸せだったと思います。これは役者が舞台上で倒れるように、彼にとっては「最高の死に方」だったのではないでしょうか。

そんな多くの人の夢であるエベレストには毎年、世界中から約８００人もの登山家が挑戦します。国籍も年齢も違いますが、皆、挑戦し続けている人たちなのです。

◆チェンジングマインド

最高の人生とは「挑戦し続ける人生」のこと。

「失敗する権利」は誰にも奪《うば》われない。

都会の真ん中にライオンは出現しない

アメリカ・ミシガン大学の研究チームが行なった調査によると、心配事の80％は起こらないそうです。しかも、残りの20％のうち16％は準備をしていれば避《さ》けられ、4％は「飛行機が自宅に墜落《ついらく》してくる」くらい準備のしようがない不安だと結論づけました。つまり、私たちは、たった4％の不安に振り回され、心配することに多くの時間を費《つい》やしてしまっているのです。

不安は2種類のタイプに分けることができます。それは、原因がわかっていてすぐに取り除ける不安と、原因がわからず長い時間をかけなければ取り除けない不安です。たとえば、「仕事が忙しい」「奥さんとうまくいっていない」などの不安は、原因がわかっています。だから、頭で考えて行動することによって取り除くことができます。

しかし、「病気が心配」「お金の不安」「老後の不安」などは、漠然とした不安です。だから、長い時間をかけて取り除いていかなければならないのです。

これは僕のおすすめですが、身の回りの掃除《そうじ》をするだけでも不安がなくなります。
まずは、目の前の散らかっている新聞・雑誌、本、飲み物、服を片づけましょう。
部屋を片づけるだけで、人はぐっすりと眠れるようになります。
大きなことからではなく、目の前の小さなことから変えていきましょう。

イギリスの哲学者アランは『幸福論』という本の中で、「想像力の病《やまい》にはつける薬がない」と言っています。まだ起きていないことに対して、恐れおののいているのです。多くの人は動物園からライオンが逃げ出して、たまたま道を歩いていた自分が襲《おそ》われる心配をしていますが、そんなバカげたことはありません。
都会にライオンは現れないし、あなたは襲われないのです。

◆チェンジングマインド

悩みの8割は取り越し苦労に終わる。
漠然《ばくぜん》とした不安は時間をかけて解消する。

第4章

ダイヤモンドは磨かないとただの石

外面だけではなく内面も磨く

「ぼんやり」した日を「熱中」する日に変える

「ドラマ」の語源は、ギリシャ語の「ドラン」（行動する）に由来します。

あるテレビドラマの有名脚本家が「サラリーマンは最も主人公になりにくい」と話していました。「サラリーマンにはワンクール（1時間×12回分）のドラマがない」というのがその理由です。主人公が毎日同じ電車に揺《ゆ》られて通勤するだけの映像なんて、誰も見たくないでしょう。人気ドラマの主人公は間違いなく行動しています。

最近、「メンヘラ」という言葉が流行っています。「心の病気を患《わずら》う人」を示すネットスラングです。精神的に弱い人たちは行動することができなくなっています。

僕の人生は、3年周期で何かにハマっています。医学部受験は二度とやりたくありませんが、いまから考えると勉強に集中させてもらえる時間は貴重だったと思います。何かに没頭《ぼっとう》できる時間こそ、生きている実感があったからです。

あなたはいま、何にハマっていますか？　ダイエット、美術館めぐり、地域ボランティア、子育て、お笑い、韓流ドラマ、何でもよいのです。生きている実感を得るには、何かに熱中することです。

生命保険のプルデンシャルが2018年に行なった「人生の満足度に関する調査」によると、「人生の満足度を向上させたと思う趣味・レジャー」のナンバーワンは「旅行」が45・7％で、第2位のグルメの26・1％を大きく引き離すという結果でした。二つとも「行動するもの」ですね。

逆に、「ハマりすぎて人生の満足度を低下させたと思う趣味・レジャー」のランキングは1位ゲーム、2位ネットサーフィン、3位SNS、4位漫画・アニメです。すべて、「引きこもるもの」ばかりですね。自分が何に興味があるのかわからない人は、まずは旅行に出かけて美味《おい》しいものを食べるところから始めましょう。

◆チェンジングマインド

本気で遊ぶ、本気でハマる。
「ドラマ」のある人生を送る。

手にマメをつくって練習している世界的アーティスト

僕の友人の一人に、世界的に有名なアーティストのＧＡＣＫＴがいます。

あるとき、コンサート前に楽屋に遊びに行くと、彼はドラムの練習をしていた手を止め、僕に手を振りました。そのときの手が、マメだらけだったのです。

「どうしたの？」と聞くと、彼は両手を広げて「いつも、こんなんだよ」

いまなお自分を高めようと手をマメだらけにしてドラムの練習をしているのです。

いつも彼は、新しいことにチャレンジしています。

「やっと三味線《しゃみせん》が弾《ひ》けるようになったよ」と嬉《うれ》しそうに言うのです。

コンサートに来るお客さんを喜ばせたいという思いで三味線の練習に励《はげ》み、いまではプロ級の腕になりました。彼を見ていると、ストイックに自分自身を輝かせようと努力していることがわかります。語学も、英語だけでなく中国語もペラペラ。体を鍛《きた》えるために、炭水化物《たんすいかぶつ》は20年以上とっていないそうです。

一見、華やかに見えるスター性の陰で、必死に努力を積み重ねているのです。

彼がすごいのは、自分の成長を自分の憧れに置き換えているところです。

「10年後の自分はどうなっていますか?」という質問に対して、「まぶしくて見えない」という名言を残しています。ダイヤモンドでありながら、いまだにそれを磨《みが》く努力を続けている彼にとって、自分自身は光り輝く存在以外ではあり得《え》ないのです。

「僕は異常《いじょう》なくらい不器用な人間だよ。自分でも嫌になるくらい。でもそんな自分に負けたくないから必死に頑張《がんば》る。だからゴールには一番に入る自信がある」

いま、輝いている人は、輝くための努力を常に行なっています。

その努力をまったくせずに、人を恨《うら》んだり妬《ねた》んだりするのは、悲しい人生です。

「人は磨いただけ輝く」それが人生の真理ではないかと僕は思っています。

◆チェンジングマインド

いま、輝いている人は輝くための努力をしている。

いまから、輝くための一歩を踏み出そう。

そびえ立つ壁が高いほど成長できる

ＳＭＡＰのリーダーだった中居正広《なかいまさひろ》さんは、幼いころ家が貧乏でした。風呂なしの四畳二間に家族５人で寝ていて、水道水をかけたごはん、「水かけごはん」でおなかを満たしていたといいます。高額所得者となった彼は、東日本大震災の義援金《ぎえんきん》として2億円を寄付しました。ところが、プライベートでの家飲みは、コンビニのお惣菜《そうざい》と、焼酎《しょうちゅう》「いいちこ」で晩酌《ばんしゃく》するそうで、暮らしぶりは質素《しっそ》です。

逆に、僕は幼いころは裕福で、家にはお手伝いさんが2人いて、父は運転手つきのベンツに乗って会社に行っていました。ところが、中学に進学したころ、父の会社が倒産し、いきなり貧乏な生活になりました。ごはんも満足に食べられず、不憫《ふびん》に思った親戚がファミレスに連れていってくれたことをよく覚えています。

高校に入ると、父が再び事業を成功させ、僕は浪人してまで医学部に入ることができました。ところが、僕が26歳のとき、再び父の会社は傾《かたむ》いたのです。僕は、両親の生活を金銭面で援助すると誓《ちか》いました。そこで、本業の形成外科医のかたわら、美容外科のアルバイトを始めるのですが、それがきっかけで東京美容外科を開業できました。

アルバイト当初は、医師として将来の道が閉ざされたような感覚でしたが、壁を乗り越えたことによっていまの自分があるわけですから、両親には感謝しています。

東京大学教授の福島智《ふくしまさとし》さんは3歳で右目、9歳で左目を失明し、18歳で失聴した全盲《もう》ろう者ですが、彼の母が考案した「指点字《ゆびてんじ》」は、全国の盲ろう者に広まりました。また、福島さんは盲ろう者として日本で初めて大学に入学し、東大の博士号を取得。現在は、大学でバリアフリー論や障害学の研究を行なっています。

そびえ立つ壁が高いことはマイナスではありません。

その壁を乗り越えたとき、あなたは本物の実力を身につけているのです。

◆チェンジングマインド

乗り越えられない壁はない。
マイナスはプラスに変えられる。

「運命の女神」は行動した人にだけ微笑む

年末ジャンボ宝くじの1等当選確率は約2000万分の1と言われますが、これは交通事故で死ぬ確率よりずっと低いそうです。それでも宝くじは買わなければ当たりません。

どんなに確率が低かろうと、買わなければ当たらない。これは「宇宙の法則」です。

僕が慶應の大学院を受験したときもそうでした。もともと英語が大の苦手で試験に受かるとはとても思えず、当日も「絶対に落ちる」という気持ちでいっぱいでした。

それでもベッドから起きて、のろのろと試験会場へ向かいました。

試験問題を見たとたん、「あっ!」と、僕は心の中でガッツポーズをしていました。英文の要約の問題だったのですが、たまたまその文章が「子宮頸《しきゅうけい》ガンをどう診断するか?」という設問で、僕は医師として、もともとその方法を知っていたのです。

英文はからきしわかりませんでしたが、知っている内容なら何とか書けます。

もう一題は、下線部訳の問題で、どうやら「時差ボケ」の話だということはわかったのですが、繰り返し出てくる「ジェットラグ」という言葉がわかりませんでした。

そこで僕は、カタカナで「ジェットラグとは」と、あたかも知っているかのように答案を書きました。採点者は、「この受験生は時差ボケをジェットラグだとわかって書いているのだな」と思ったのでしょう。発表を見に行ったら、合格していました！

僕の大学院合格は、「そんなのあり？」と思うようなスーパーラッキーでした。医学部大学院用の問題集のどれを見ても、子宮頸ガンの話もジェットラグの話も出ていません。前年でもなく、翌年でもなく、この年に受験したから僕は奇跡的に合格したのです。おそらく、この年を逃《のが》したら何十年浪人しても受からなかったでしょう。

僕が受かったのは運だけです。でも、その運を引き寄せることができたのは、その回を受験したからなのです。やはり、宝くじは買った人にだけ当たるのです。

◆チェンジングマインド

どんなに可能性が低くてもゼロではない。
「あきらめない心」が奇跡を呼び込む。

「小さなチャンピオン」になろう

一流企業は体育会系の新入社員を好んで採用します。特に、甲子園《こうしえん》出場の経験があったり、何らかの競技で全国大会優勝を経験した人は多くの企業から求められます。

それには理由があります。甲子園に出場したり、全国大会で優勝することは一朝《いっちょう》一夕《いっせき》にはできません。その裏側には、「過酷《かこく》な練習」「食事管理」「ピンチに動揺《どうよう》しないメンタルトレーニング」など、膨大《ぼうだい》な努力が隠れています。

さらに、野球やサッカー、バレーボールなどの集団競技の選手ならば、チームワークがよくなければ絶対に優勝できません。自分だけが出しゃばるのではなく、全体の最適化を考え抜き、その結果として〝優勝〟という成功体験を得ているわけです。

これらの「結果を出すための膨大な努力」は会社でも必要とされるスキルです。

そのため、学生時代にこれらの経験をしている人としていない人とでは、会社に入ってから仕事に取り組む姿勢がまったく違います。

あなたが体育会系の出身ではなかったとしても、全国大会に出場していなくても、いまから成功体験を得ることは可能です。その方法は、どんな小さいことでもいいので「1位をとること」です。なぜなら、1位と2位の差はとても大きいからです。

私たちは1位の人には賞賛《しょうさん》の言葉を送りますが、2位や3位の人は「惜《お》しかったね」という「なぐさめの言葉」しかもらえません。オリンピックでも金メダルを取った人のことは覚えていますが、銀メダルの人は忘れられてしまいます。

女子柔道の金メダリスト谷《たに》（田村《たむら》）亮子《りょうこ》さんは、「最高でも金、最低でも金、ママでも金」という名言を残しました。さすが、世界選手権6連覇《れんぱ》、全日本選手権11連覇、オリンピック5大会に出場してすべての大会でメダル獲得という、柔道界に偉大《いだい》な貢《こう》献《けん》をした彼女ならではの言葉ですね。

◆チェンジングマインド

1位と2位には見えない大きな壁がある。

「成功体験」を積み重ねて小さなチャンピオンになる。

「上質な服」がチャンスを連れてくる

クリニックの保養所が河口湖にあるのですが、湖でマリンスポーツを楽しんでいたときのこと、僕は年上の紳士《しんし》に声をかけられました。

「向こうの別荘で食事会をしているから、キミも来ないかい？」

面白そうなので誘われるままについていきました。

するとそこは、各界の成功者が集《つど》うコミュニティだったのです。

上場企業のオーナーや、よくテレビで拝見する有名人もいらっしゃいました。

Tシャツ短パン姿の僕は、すぐさまこの服装はマズいと思いました。湖のほとりに集うカジュアルな会でしたが、皆さん、品のある上質な装《よそお》いをしていたからです。

この日を境に、僕はパーソナルコーディネーターに依頼し、全身フルオーダーのスーツに変えました。僕は身長が186cmと大柄《おおがら》なのですが、それまで着ていた既製《きせい》服《ふく》は、袖《そで》が短く身幅《みはば》が広すぎるなど、どこかしらフィットしない部分がありました。

ですから、初めてフルオーダーのスーツに腕を通したときは、自分にぴったりな服がこんなにも気持ちよいものなのかと、驚きを超えて感動したものです。

コーディネーターの意見を聞きながら、ビジネススーツもカジュアルな服も一新するとともに、過去の自分サイズではない服はすべて処分しました。


いつどこで誰に会ってもおかしくない服装を心がける中で、気づいたことがあります。それは、「上質な服がチャンスを連れてくる」という事実です。

自分にフィットする服装を心がけるようになって以来、思わぬ人との出会いがたくさん生まれました。

ビジネスパートナーと夕食をしていたら、そこでの会話の流れで、急に憧れの人を呼んでいただくというようなことが次々と起こったのです。

◆チェンジングマインド

服は自分の「自己紹介」と同じ。

上質な服を着ると、上質な人と出会う。

「身体能力」が高い人は病気にならない

「身体能力が高い人」と聞いたら、あなたは誰を思い浮かべますか？

最強の身体能力を持つ日本人といえば、やはりハンマー投げのアテネ五輪金メダリスト、室伏広治《むろふしこうじ》さんでしょう。彼は１００メートルを10秒台で走り、握力《あくりょく》は１２０kg以上（一般成人男性は平均40kg）、ベンチプレス１７０kgを上げるという、まさに「超人」です。

「身体能力」には生まれつきの差はありますが、後天的なトレーニングで鍛《きた》えることができます。日頃から柔軟体操やジョギング、筋トレをすることで、年を重ねても伸ばすことができるのです。

この能力が高いと病気やケガをしないため、毎日を充実して過ごすことができます。また、習慣的に体を動かすので体内のホメオスタシス（恒常性《こうじょうせい》を保つ力）が整い、長生きすることができます。

さらに、身体能力の高さは仕事の上でも非常に重要です。営業マンであれば積極的にお客さまを訪問する体力が必要です。創業期の会社経営者は、寝ずに仕事に取り組む気力がなければ難局を乗りきれません。

人生を楽しむ上でも、1日を思いきり遊ぶ体力はとても大切です。

僕は世界中どこでも、行きたいと思えばすぐそこに行きます。好きな音楽を聴きたい、好きな人に会いたいと思ったら、どんなに忙しくても出かけます。

ワクワクする心に忠実に生きることが自分の行動範囲や人脈を広げ、さらにまた新しい夢を見つけることにつながっているからです。

身体能力の高さは、このような密度の高い時間を過ごすために欠かせません。

だから僕は、途中でへたばらない体力の維持を心がけているのです。

◆チェンジングマインド

身体能力を高めると「行動範囲」が広がる。

身体能力を高めると「1日の密度」が濃くなる。

「健康寿命」と「だ液」の関係

「医者の不養生《ふようじょう》」という言葉がありますが、僕もこれは当たっていると思います。

医療従事者向け情報サイトの調査によれば、健康診断・人間ドックを「必ず受けている」と回答した医師は68・7％、「受けないことがある」と答えた医師は19・3％、「受けていない」という医師が12・0％でした。

実際、日本の医師はあまりにも多忙で、自分の健康に気を配《くば》る余裕がないのです。忙しい研修医ともなると、昼食と夕食が両方ともカップラーメンということも珍しくありません。ほかにも夜勤《やきん》の当直後、そのまま診察を行ない、連続30時間以上の勤務になってしまうこともあります。

ここで、病気にならないとっておきの方法を教えます。

その方法はとても簡単で、「だ液を多く出すこと」です。

唾《つば》を出すと自律神経が整い、その強力な消化作用・洗浄作用・殺菌作用・pH緩衝《かんしょう》作用・潤滑《じゅんかつ》作用で自然治癒《ちゆ》力や免疫力《めんえきりょく》がアップするのです。

信州大学で行なわれた研究結果によると、だ液を調べるだけで、その人の免疫力のレベルがわかるそうです。口の中にいる常在菌《じょうざいきん》（カンジダ菌）の数を調べるのですが、免疫力が衰《おとろ》えれば菌が増殖し、免疫力が高くなると数が減るそうです。

では、だ液を出すにはどうすればよいのでしょうか？　その方法は簡単です。

1、必ず朝ごはんを食べる（胃腸に刺激を与えると副交感神経が刺激され、だ液が分泌される）。2、よく嚙んで食べる。3、頻繁《ひんぱん》に水分をとる。

日本は長寿の国になりましたが、じつはそこに隠れた恐怖が潜んでいます。人生の晩年、女性は12年、男性は9年もの間、健康が奪われるという怖い事実です。いまから免疫力を高め、病気にならない体をつくりましょう。

◆チェンジングマインド

「免疫力アップ」の生活習慣を心がける。
「病気にならない体」を手に入れる。

女の子は自分の体をいたわってほしい

シンガーソングライター・石崎ひゅーいさんの曲に『おっぱい』があります。「きみの悩みごとなんか宇宙のカスみたいなもん」という歌詞が素敵《すてき》です。石崎氏は胸が小さくて悩んでいる女友だちに向けて「大丈夫だよ」と言いたくて曲をつくったそうです。僕はこの曲を聴いたとき、「答えは胸ではなく、胸の奥にあるんだよ」と教えてくれている歌だと思いました。

僕は美容外科のさまざまな手術の中でも、特に豊胸手術が得意で手術件数も多いのですが、患者さんは胸を大きくしたあと、もう一つ大きな悩みを抱えます。

それは、「豊胸したのが恥ずかしくて乳ガン検査に行けない」ということです。

そんな女性たちのために、僕は無料で乳ガン検査を行なっています。

そのために、ＡＢＵＳ（エイバス）という最新式の乳ガン検査機器を導入しました。しかし検査費用は1回5万円と相場も高額なので無料化には反対する声もありました。

し、検査を受けずに、万一乳ガンの発見が遅れたら後悔してもしきれません。

乳ガンの検診で一般的に使われているのは、マンモグラフィーと呼ばれるX線検査です。これは胸を痛いほど機械でギュッと挟《はさ》むので、胸の中にシリコンパッドが入っていると破れる危険性があるのです。しかし、最新機器のABUSなら、真上から超《ちょう》音波《おんぱ》で診《み》ることができます。

乳ガンは早期発見できれば生存率95%です。豊胸手術をしたことで検診に行くことに気後《きおく》れしないでください。

ほとんどの女性は、胸の形や大きさ、左右のバランスなどを非常に気にかけます。その一方で、乳ガン検診を億劫《おっくう》がっています。

やはり、医師としては、体の外側だけでなく、内側にも気を配ってほしいのです。

◆チェンジングマインド

健康はお金では買えない。

外見だけでなく内面にも目を向けよう。

「環境適応力」で給料が上がる人、下がる人

進化論を提唱《ていしょう》したダーウィンは「最も強いものが生き残るのではなく、最も変化できる者が生き残る」と言っています。これが、「適者生存」です。

アメリカでは、転職するたびに給料が20％ずつ上がっていくそうです。

逆に、日本の場合は20％ずつ下がっていくと言われています。

アメリカ人の転職は、より自分の能力を高く評価してくれる会社を求める「ポジティブ転職」であるのに比べ、日本人の転職は上司とケンカしたとか、営業成績が悪いからといった「ネガティブ転職」が多く見受けられます。

つまり、アメリカ人は環境適応力が高いためにどんどん新しい職場で成功し、日本人は環境適応力が低いため転職先で失敗していくというわけです。

僕は、日本人の環境適応力が低い理由の一つに、日本語があると思います。

文法の構造が違うと思考の構造も異《こと》なります。日本人でも日本語を話しているときと、英語を話しているときで性格が変わる人がいるのはそのためです。

世界の言語の主流はインド・ヨーロッパ語です。アルタイ語という言語系統に属すると言われる日本語は少数派なので、世界の中で自己主張して生きていくには、やはり不利な立場にあります。

しかし、日本人は「郷《ごう》に入らば郷に従え」ということわざがあるくらい、場に溶《と》け込むのがうまい民族です。お笑い芸人「千原兄弟」のせいじさんは、海外に行くと現地の人と一瞬で友だちになってしまいます。

また、TOEICテストの生みの親である北岡靖男《きたおかやすお》さんは、飛行機に乗ると周りの人にお酒をすすめ、機内をパーティー会場にしてしまうそうです。

あなたも環境適応力があれば、どこの国に行っても幸せにやっていけるでしょう。

◆チェンジングマインド

AI時代には「環境適応力」が必要。
時代の波に適応できない人は滅《ほろ》びる。

ルフィが仲間から慕われる理由

『ONE PIECE』といえば、全世界で4億5000万部以上発行されている国民的人気漫画です。その人気の秘密は、なんと言っても主人公「ルフィ」の成長にあるでしょう。ルフィが、リーダーにふさわしい人物へと成長していく理由はたった一つです。仲間の存在が、ルフィを鍛《きた》え上げているのです。

ルフィと同様に、いままでクラスで目立たなかった小学生が、学級委員になったとたんにスポーツがうまくなったり、成績がよくなったりすることがあります。いままで自分のことしか考えていなかった中学生が生徒会長に当選し、たくさんの生徒のために尽力《じんりょく》するようなこともあります。

これらはリーダーに発生する「責任」が人を変えた事例です。つまり、責任あるポジションに就《つ》くと、その責任をまっとうしようと人間的に成長するのです。

企業でも管理職になったとたん、リーダーとしての力を発揮《はっき》する人がいます。自分の幸せだけではなく、部下の幸せを考えるようになるからです。

僕はリーダーに最も必要な資質は、大きな夢を持つことだと思っています。

そして、夢の実現には型破《かたやぶ》りな行動が必要です。

エステー株式会社の会長・鈴木喬《すずきたかし》さんが書かれた本『社長は少しバカがいい。』（WAVE出版）によると、彼は経営危機の最中《さなか》に社長になり、周りの重役が言うことをまったく聞いてくれなかったので、あえて派手なパフォーマンスを続けたそうです。

重役たちは「社長は頭がおかしいのではないか」と言い出したのですが、それでも鈴木さんは信念を貫《つらぬ》きました。その結果、社員の頭は驚くほど柔軟になり、『消臭力《りき》』、『米唐番』をはじめ次々とヒット商品が生まれ、ついには創業以来、最高の純利益を叩き出しました。このように、リーダーは常識はずれなくらいでちょうどいいのです。

◆チェンジングマインド

リーダーとは「夢を語れる人」のこと。
責任あるポジションが人を成長させる。

「モテない」が「モテる」に変わったあの日

1971年、スタンフォード大学で監獄《かんごく》実験が行なわれました。標準的な性格の若者11人を看守役、10人を受刑者役と無作意にグループ分けし、実際の刑務所に近い設備をつくって行動させました。すると、看守役が受刑者役に素手《すで》でトイレ掃除を命じたり、靴磨《くつみが》きをさせるようになり、ついには看守役による暴力まで発生したのです。

人はそれほどまでに、与えられた立場を演じてしまう生き物なのです。

与えられた立場が人を動かすのなら、自分の立場を意図《いと》的に変えることによって、人生も大きくチェンジできるのではないでしょうか？


僕にとっての人生最大の変化は、浪人生から医学生へのチェンジでした。

もともと僕はコミュニケーション能力が高いほうではなく、学生時代も地味《じみ》なオタクタイプでした。また、3浪しているので予備校時代に成人式を迎えています。

予備校の先輩に連れられて行ったバーでのこと、先輩がナンパした女性に、顔面にタバコの煙《けむり》を吹きかけられたことがあります。僕が「浪人生」だとわかったとたんでした。「お呼びでない」ということだったのでしょう。

それが、「医大生」になって一転しました。同級生もみんなモテて、どの男子にも彼女ができました。立場が変わっただけでこんなにも周囲の反応が一変するのかと、本当に驚きました。大学時代に初めてまともに女性とおつきあいし、医者として外来《がいらい》で患者さんと話すようになったことで、自分に自信が持てるようになったのです。

人は役割で変身します。うだつの上がらないサラリーマンが独立し、周囲から「社長」と呼ばれるようになったとたんに自信に満ちあふれた顔で饒舌《じょうぜつ》なプレゼンをする。ボランティアグループを束《たば》ねるリーダーになったり、趣味のサークルの部長になったり、役割を得ることによって人は輝くことができるのです。

◆チェンジングマインド
人は役割を持つと変身する。
女性にモテると自信が持てる。

第5章

お金の「奴隷」ではなく「主人」になる

お金と時間を有効活用する

なぜ、お金に振り回されるのか？

アメリカでは、「宝くじに当選した人のアンケート調査」が行なわれています。それによると、44％の人が「5年以内に当選金を使い」果たし、55％の人が「当たる前よりも不幸」になり、65％の人が「以前よりお金の心配が増えた」そうです。

中には夜中にドアをノックされ、実の兄に拳銃《けんじゅう》を突きつけられたとか、親に保険をかけられて殺されそうになったなど、日本ではあり得ないような事件が起こっています。その理由の一端《いったん》には、アメリカの宝くじの当選金額が日本よりもケタ違いに大きいということがあります（これまでの最高当選金額は1730億円！）。

なぜ、人はお金に振り回されるのでしょうか？　それは、お金が「エネルギー」そのものだからです。たとえば、あなたが500円の予算で彼女にバラの花を1本プレゼントするのと、5万円使ってバラの花を100本プレゼントするのとでは、相手が感じる喜びや感動はそれこそ100倍違います。これがお金のエネルギーです。

大きなお金が持つエネルギーは、人の性格も変えてしまいます。たとえば、「遺産《いさん》相続《そうぞく》」で何億円も入ってくると、その取り分をめぐって仲のよかった兄弟姉妹が「遺産争続」を始めるのは、よく聞く話です。

原子力もエネルギーですが、使い方によっては原爆となって人の命を奪ったり、原子炉としてたくさんの人の生活を支えたりします。お金というエネルギーも、「使う人」と「使い道」によって、よいものにも悪いものにもなるのです。

全世界で4000万部売れているミリオンセラー『金持ち父さん 貧乏父さん』の著者であり、不動産投資家として大成功しているロバート・キヨサキさんは、「お金の奴隷《どれい》になるのではなく、お金の主人になれ」と言っています。ぜひあなたも「お金の奴隷（スレイブ）」から「お金の主人（マスター）」になってください。

◆チェンジングマインド

お金は大きなパワーを持つエネルギー。
「振り回される人」から「使いこなす人」になる。

あなたのお金は吸い取られている

「立てばパチンコ、座れば麻雀《マージャン》、歩く姿は馬券買い」(昔のパチンコは立ったまま)

このようにギャンブルをする人たちを揶揄《やゆ》する言葉があります。いつの時代もギャンブラーはお金を巻き上げられ、儲《もう》かるのは胴元《どうもと》だけと決まっています。

競馬・競輪《けいりん》・競艇《きょうてい》・オートレース・パチンコなどはすべて、お金を吸い取るための仕組みです。たとえば、パチンコで1年間に日本人が使うお金は約18兆円です。

一方、日本の年間防衛《ぼうえい》予算は5兆円くらいですから、国を守るためのお金の3倍以上がパチンコに使われていることになります。一時的な娯楽《ごらく》のために使うお金が国を守る予算を上回る日本は、なんと平和な国でしょうか。

宝くじも庶民に夢を与えると言いながら、実質的には庶民のお金を吸い取っています。なぜなら、宝くじの還元率《かんげんりつ》(賭《か》けられた金額に対して払い戻される金額の割合)は、あらゆる公営ギャンブルのなかで最低の45・7%だからです。つまり、宝くじは買った瞬間、6割近くのお金が消えてしまう仕組みになっているのです。

「7億円当たった！」と喜ぶ人もこの世のどこかにいるかもしれませんが、胴元側は痛くもかゆくもありません。そもそも集めたお金の6割近くを自分たちの懐《ふところ》に入れ、残った4割から当選金を配っているだけですから。


私たちが普段使っているスマホも、利用料金をあなたから長期に渡って少しずつ集めています。日本人がスマホに使っている平均金額は月6000円と言われており、年間にしておよそ7万2000円です。家族4人ならば総額約30万円。これが60年続けば、一家族、1800万円近くがスマホ代として消えるのです。

世の中には、「仕組みをつくる側」と「仕組みに乗る側」の2種類の人たちがいます。

そして、勝ち組に入るのは、「仕組みをつくる側」のごくごくわずかな人なのです。

◆チェンジングマインド
「お金を使わせる仕組み」を見抜く。

「儲かる仕組み」を考える。

お金は旅に出すと友だちを連れて帰ってくる

お金にまつわるこんな笑い話があります。「東京人」と「大阪人」と「名古屋人」が3人でお酒を飲みに行きました。飲みながら東京の人は「3人分払ったらいくらになるだろうか？」と考えました。大阪の人は「3人で割り勘したら、いくらになるだろうか？」と考えました。名古屋の人は「なんてお礼を言おうか？」と考えたそうです。

それぞれの県民性をベースにしたジョークですが、実際に名古屋の人に聞いたら「その通りだね」と笑って肯定《こうてい》しました。

さて、実際に3人で飲みに行ったとき、支払いが5000円だったとしたら、2人から1500円ずつもらい、自分で2000円払うことをおすすめします。人より多めに払うようにしていると、不思議なことにお金に困りません。おごってあげた人からではなく、思いがけない人を通じてお金がめぐってくるのです。よいつきあいに使ったお金は将来、何倍にもなって返ってきます。

これを『返礼の法則』と言います。昔から「お金は旅に出せ」と言われており、使うことによってお金自身が経験を積み、成長して帰ってくるのです。

僕自身も、相手が喜ぶことにお金を使うよう心がけています。たとえば、社員旅行には結構なお金を出しますし、昼食をまたぐ会議のときには軽食とコーヒーをポケットマネーで出すようにしています。

喫茶店やレストランのウェイターは、テーブルの中で一番、懐の暖かそうな人の前に伝票を置くそうです。つまり、喫茶店で伝票を目の前に置かれたら、あなたは一番のお金持ちだと思われたということなのです。だから、そんなときは「ラッキー！」と思って、喜んでお金を払ってください。それはあなたの醸《かも》し出す雰囲気《ふんいき》が豊かということであり、「お金持ちオーラ」が出ている証拠だからです。

◆チェンジングマインド

ケチな人はお金を抱え込んで離さない。
お金持ちはお金を旅に出す。

「お金のフレーム」を大きくする

僕は医者でありながら、消費者金融からお金を借りたことがあります。

この話を銀行の支店長にしたら、「医者がサラ金からお金を借りるなんて、すごいですね」と驚いていました。当時はいまと違って法定金利も守られていない時代だったので、消費者金融からお金を借りるなんて、とても怖いことだったのです。

なぜお金が必要だったかというと、事業に失敗した両親を助けるためです。両親を養《やしな》うためには形成外科を辞《や》め、美容外科で働くしか方法がありませんでした。

そのため、雇《やと》ってくださった神戸のクリニックの近くに引っ越さなければならなかったのですが、持っていたお金をすべて両親に渡してしまったため、自分の引っ越し代すらありませんでした。そこで仕方なく、サラ金業者のドアを叩いたのです。

借金は、1ヶ月後の給料で全額返済したのですが、その後、業者から、

「お金、ご入用《いりよう》じゃないですか？　すぐに、50万円振り込みますよ」

と、何回も何回も電話がかかってきて、恐怖を感じました。

消費者金融からお金を借りたこと、親の生活費を出したことは、僕のお金に対する観念《かんねん》を大きく変えました。たとえば、月に100万円稼《かせ》いで親に50万円渡すと、自分の生活が苦しくなります。これが通常のフレームワークの中での発想法です。

ところが、月に1000万円稼いで親に50万円渡すのであれば20分の1の出費です。同じく、もしも1億円稼いだならば、200分の1の支出になります。

このように、僕の「お金のフレーム」が10倍、100倍に広がったのです。

あのとき、お金が必要だったからこそ、年商200億円のクリニックになったのです。目の前のピンチに対し、運が悪いと愚痴《ぐち》ったり、人のせいにする人がいますが、ピンチは自分の常識を壊《こわ》して成長するチャンスなのです。

◆チェンジングマインド

ピンチが「お金のブロック」を壊す。

「脱フレームワーク思考」で売り上げ100倍。

お金を遠ざけている人、お金が寄ってくる人

小さな会社の経営者・山田さんは、必ずeメールの冒頭に、「貧乏暇《ひま》なしの山田です」と書いてきます。「文は人なり」と言いますが、山田さんは「貧乏で暇なし」です。

貧乏でも時間があれば幸せだと思いますが、人生で最も不幸なのは、貧乏で時間がない人です。稼いでも稼いでもお金が貯まらないのですから、最上級の不幸です。

そして、その状態を呼び寄せているのは、自分自身の口グセなのです。

日本には昔から「清貧《せいひん》思想」がありますが、そもそも、お金がない人が「清く貧しい生活がいい」と言っても、きれい事にしか聞こえません。それよりは、お金を稼いで分け与える人のほうが、よほど清く正しいのではないでしょうか。

清貧思想の欠点は、貧乏を美徳と思うことによってお金を遠ざけてしまうことです。

人生は、その人が考えた通りの結末になります。

お金を汚いものだと思っていたら、お金の寄りつかない体質になってしまいます。

日本人がお金を汚いと思うのは、お金持ちのイメージが暴利《ぼうり》を貪《むさぼ》る悪巧《わるだく》みと結びついているからです。テレビの時代劇を観ると、悪代官《あくだいかん》や悪どい商人が出てきます。庶民を泣かせてお金を巻き上げるパターンが日本人の精神性を支配しているのです。

アメリカではこの価値観が逆で、たくさん稼いでたくさん税金を支払った人が「名誉市民」として称《たた》えられたりします。あなたが「お金を稼ぐ人＝悪人」というイメージを持っている限り、お金は意思を持って逃げていきます。

もう一つ大事なことは、傲慢《ごうまん》な人はお金を遠ざけ、謙虚《けんきょ》な人はお金を引き寄せるということです。大金が入ると気持ちが大きくなってわがままになる人がいます。

本当のお金持ちは謙虚です。「おかげさま」の気持ちを忘れません。

だから、人も応援してくれるし、お金持ちであり続けることができるのです。

◆チェンジングマインド

「清貧思想」から「清金《せいきん》思想」にチェンジする。

「ありがとう」と言ってお金を使う。

先に稼ぐ人、あとから稼ぐ人

あなたはJRのSuicaを紛失したり、お店のポイントカードが期限切れになったことはありませんか？

これはお金を店に寄付しているのと同じです。こうした店側の利益のことを「退蔵《たいぞう》益《えき》」と言います。2011年度のスターバックスの決済では、「プリペイドカード失効益」という科目で1・7億円が計上されています。

退蔵益を見込んで行なわれるビジネスは「退蔵益ビジネス」と呼ばれています。

たとえば、Aさんが1万円のデパート商品券を購入してBさんに贈《おく》り、3ヶ月後にBさんがその商品券で1万円の買い物をした場合、金券の発行元は金券が使われるまでの3ヶ月分のお金を前倒しして手に入れたことになります。商品券を販売することによって、デパートは3ヶ月先の未来のお金を「いま」、手に入れているのです。

このように、未来のお金を前倒しして現金化することによって、ビジネスは各段に広げやすくなります。何倍ものスピードで事業を成長させることができます。

僕はこれを、「先に稼ぐ人」と呼んでいます。

ところが、世の中の99％の人は「あとから稼ぐ人」です。

たとえば、子どもを大学に入れるのには入学金が必要です。そのときに手元にお金がなかったら、お金を借りることになります。借金をすれば子どもは入学できるでしょう。その代わり、あとから利子をつけてお金を返済しなければなりません。

ほとんどの人は、稼いだ分でやりくりし、足りなければ借金をし、利子をつけて返すものだと考えているのです。

未来の労働力と引き替えに借金をしている限り、その人には「お金がない現在」がずっと続きます。「先に稼ぐ」と発想を変えない限り、豊かにならないのです。

◆チェンジングマインド

借金をすると未来の時間まで失う。

時間を味方につけるとお金は増えていく。

社長が給料の前借りを断る理由

あなたは人生で、2年2ヶ月、刑務所の中に入っていると言ったら信じますか？

これはどういうことかと言うと、サラリーマンの平均通勤時間は片道58分、往復で約2時間です。年間の休日平均の120日を引いた労働日数に40年間をかけると、その期間が2年2ヶ月なのです（アットホームによる通勤時間の平均調査）。

電車の中か刑務所の中か、場所は違っていても、自由を奪《うば》われている状態という意味では同じです。つまり、監禁《かんきん》されていることに違いはないのです。

僕はこのような人を、「時間に拘束《こうそく》されている人」だと思っています。

逆に、「時間を味方につけている人」がいます。たとえば、経営者です。

経営者は最初の1ヶ月分の労働力をサラリーマンから借りて差益を得ています。

たとえば、「御社で働かせてください」という労働者に対し、経営者は「1ヶ月働いたら給料を出しますよ」いう契約で雇用します。労働者は1ヶ月後にお金をもらいます。つまり、最初の1ヶ月分の労働力を、経営者は借りているのです。

この時間のズレを利用し、経営者はそのお金を運用して差益を得ます。

雇用、被雇用という観点で分けると、会社には社長と従業員という2種類の人しかいません。時間を味方につけるという点で、経営者は労働者よりも圧倒的に有利です。

お金を運用して得る差益のことをキャッシュフローと言いますが、経営者は時間のズレによって生み出されたキャッシュフローによって利益を得ているのです。

「給料を前借りさせてください」という頼みを経営者が断る理由はここにあります。

中国の会社で最も優秀な経理マンは、何だかんだと理由をつけて最後までお金を払わないタイプだと言われています。日本ではひんしゅくを買いますが、時間を味方につけるという点では優秀なのかもしれません。

◆チェンジングマインド

人生でロスしている時間を1分でも減らす。

「時間に縛られない」生き方を考える。

「時間泥棒」とはつきあわない

夫婦の相性に関することわざに「割《わ》れ鍋《なべ》に綴《と》じ蓋《ぶた》」があります。英語でも「Every Jack has his Jill」と言います。「誰にでもお似合いの相手がいる」という意味ですね。長くつきあう相手は自分自身の鏡でもあり、自《おの》ずと似てきます。

ですから、こんなつきあいをしているとあなたもそうなってしまいますよ。

【時間を奪う人】……だらだらと話が長い人、はしご酒を強要する人。

【愚痴《ぐち》ばかり言う人】……できない理由を述べる人は、他人の夢を邪魔します。

【批判ばかりする人】……周りから協力者がいなくなります。

逆に、つきあったほうがいい人はこんな人です。

【刺激を与えてくれる人】……発想力を伸ばす上で非常に貴重な存在です。

【目指す仕事をすでにやっている人】……メンターとして教えを請《こ》うべきです。

【他人を褒《ほ》める人】……周りに素晴らしい人がどんどん集まります。

【夢に向かって一生懸命な人】……お互いに励《はげ》ましあい、ともに進んでいきましょう。

あなたが成功していくに従って、いままでとは違う人間関係ができていきます。

すると、必然的に古い人間関係とは疎遠《そえん》になります。周りから「つきあいが悪くなった」と悪口を言われるかもしれません。しかし、あなたにとって最も大切なのは過去の人間関係ではなく、成長したあなたにふさわしい人間関係なのです。

「つきあう人間を選ぶ」ということは、上から目線で他人を切り捨てていくことではありません。「自分がつきあいたい人を大事にする」ということなのです。

「密度の薄い人間関係」に生きるか、「濃い人間関係」に生きるか。

「悪口や嫉妬《しっと》の世界」で生きるか、「励ましと感謝の世界」で生きるか。

どちらの世界で生きるかは、自分自身で決めることができるのです。

◆チェンジングマインド

人生の9割は「誰とつきあうか」で決まる。

「大切にしたい人を大切にする」生き方をしよう。

フェイスブックの「いいね！」は押さない

フェイスブックで「いいね！」がほしいために、1日何時間も他人の書き込みに「いいね！」を押している人がいます。これはまさに、究極の時間の無駄遣いでしょう。

あなたが会社員で通勤に往復2時間かかり、会社で8時間働き、同僚と2時間飲んだとします。睡眠時間が8時間とすると、「自分の時間」は1日4時間しかないのです。

僕はだらだらとSNSを見ることは絶対にしません。自分にしかできないこと以外、やらないと決めています。たとえば、手術の予約管理はしません。自分で予約リストをパソコンに打ち込んでいたら、それだけで半日潰《つぶ》れてしまうからです。

また、自宅ではハウスキーピング・サービスを使っています。これは着たものを所定の箱に入れておくと、クリーニングして戸棚に戻してくれるサービスです。

運転を人に任せることによって、移動している間にもスマホのチェックができます。

仕事ではＬＩＮＥを使い、メッセージを送るグループに秘書を入れています。そうすると、いちいち報告しなくても僕のスケジュールを把握《はあく》・管理してもらえます。

小さなことを他人に任せると、大きな時間の節約になります。

たとえば、クリニックの新規開院に伴《ともな》う物件選びも社員に任せています。社員にエリアと条件を伝え、物件情報をＬＩＮＥに送ってもらい、それで判断するのです。最初の頃は自分で物件を見に行っていましたが、いまのやり方にしても問題はありません。組織が大きくなってくると、いかに人に任せるかが重要になります。

「どうでもいいね！」というフェイスブック用アプリを知っていますか？　これは、クリック一つで選択範囲の全員に「いいね！」を押せるアプリケーションです。

時間を大切にするなら、「どうでもいいね！」のようなシステムを導入しましょう。

◆チェンジングマインド

時間は有限、たれ流しにしてはいけない。

他人に任せられることは、なるべくやらない。

「時間を浪費する人」から「時間を操る人」へ

多くの主婦は、恐ろしいほど時間を無駄遣いしているように思えます。

あなたは、新聞の折り込みチラシを見て、1円でも安い店を探し、わざわざ遠くのスーパーマーケットまで自転車を走らせてはいませんか？

もし、これが「得する」と思うなら、あなたは永遠に時間を浪費する人のままです。なぜなら、スーパーを3軒はしごしても、節約にならないどころか損をしているからです。たとえば、普段あなたが、時給1000円で働いているとしましょう。卵を10円安く買うために1時間使ったら、あなたは時給10円で働いたのと同じです。

実際にあった例ですが、賢《かしこ》い子どもは「時間を節約」します。

100円のお小遣《こづか》いをもらった小1の隆《たかし》くんは、駄菓子屋《だがしや》に行こうとしている優《ゆう》くんに、新発売のゴールデンうまい棒を10個買って来てもらいました。おやつを10個手に入れたら、一つを買い出しのお礼に優くんにあげます。そして、残った9個をクラスメートに一つ15円で売ったのです。すべて売り切ったので、100円の元手は135円に増えました。手間がかかるように見えますが、これはビジネスの基礎です。やがて、買いに行く人、教室で売る人を当番制にして、その仕組みをつくった隆くんは自分の時間を使わずに、どんどんお小遣いを増やしたのです。

時間の使い方のヒントに、日本有数の高額納税者として有名な斎藤一人《さいとうひとり》さんの言葉があります。

「10倍稼《かせ》ごうと思ったら、10倍働こうなんて思っちゃいけないよ。10倍簡単な方法が見つかれば10倍稼げる。体より頭を使うことだよ」

つまり、時間を有効に使うポイントは、仕事のやり方をとことんシンプル化し、最終的に人に任せて、自分は1秒も使わないようにすることなのです。

◆チェンジングマインド

スーパーの安売り商品は安くない。

「他人の時間」を「自分の時間」として使う。

着ない服があるだけで年間2万円の損

収納アドバイザーから伺《うかが》った話ですが、整理整頓《せいりせいとん》の「整理」とは「ものを捨てる」こと、「整頓」とは「ものを立てる」こと。つまり、「整理整頓」とは、不要なものを捨て、散らかっているものをきちんと立てることになります。なるほど、不要な書類を捨て、必要なものだけを立ててファイリングしておけば簡単に取り出せますね。

これは私の実感ですが、「もったいない」の9割は不要なものです。一度捨ててみるとわかりますが、「ものを溜《た》め込んでいたストレス」は想像以上に大きなものです。ぜひ、思いきってものを捨てたあとの清々《すがすが》しい快感を味わってみてください。

「整頓（＝立てる）」については、部屋がどんどん片づく魔法の方法があります。椅子から立ち上がるたびに、右手に一つ、ものを持つことを習慣にしましょう。すると、自分が立つたびにものが定位置に戻り、自然に整頓できます。

また、整頓のコツは、ペンはペンケースに、服はハンガーに、というように決められた場所に置くことです。本来の場所に置かないから、部屋は散らかっていくのです。「置き場所」をつくる上で大切なのは、収納するものを細かく指定することです。たとえば、机の引き出し一つ一つに「文房具」「薬」「靴下《くつした》」「アクセサリー」などと書いておき、そこに収納するだけであなたの部屋は見違えるほどきれいになります。

最後に、あなたは家にものを置いておくのは「タダ」だと思っていませんか？
実際には、1㎥のもの（大型のダンボール一箱分）を自宅に置いておくと、年間2万円のコストがかかります。東京の40㎡のマンションの家賃は平均して年間180万円。天井の高さが2mとすると室内空間は80㎥で、1㎥あたり年間2万2500円かかります。つまり、ダンボール一つ分で、2万円以上の価値がないものは捨てたほうがいいのです。もし、使わない箱を10年間放置したら、まさに大損だと言えます。

◆チェンジングマインド

「捨てる」と「立てる」で部屋を片づける。
「もったいない」は整理整頓の最大の敵。

「ミリオネアメンタリティ」で生きる

お金持ちといえば、あなたはどんなイメージをもっていますか？

1位は「大きな家に住んでいる」、2位は「別荘を持っている」、3位は「高級外車に乗っている」でした。面白いのは、13位「血統書つきのペットを飼っている」、14位「珍しい苗字＝白鳥、伊集院」です（『何でも調査団』2015年アンケート）。

僕は、お金持ちになれる人、なれない人の違いは精神的な気持ちの差、つまり「ミリオネアメンタリティ」の差にあると思っています。

たとえば、僕は100円ショップの品物は使いません。安かろう悪かろうのものをやみくもに増やすことは心のゴミになると考えているのです。文房具などは高級品である必要はありませんが、中国の大量生産品ではなく、日本製を使います。

部屋をきれいな状態に保つこともとても大切です。生活に追われる人の机はものが散乱しゴチャゴチャしています。

心の余裕を生む方法でおすすめなのが、目に見える場所に好きな花を飾《かざ》ることです。たった一輪でも、心がなごみ、ゆとりが生まれます。

自分の目に映る環境を見て、僕たちの脳は自分の価値を認識します。着物で畳の部屋に入ると自然に背筋が伸びるように、ゴミ溜《た》めの中にいたらゴミ溜めがお似合いの人になってしまいます。ミリオネアメンタリティは目から入ってくるのです。

また、お金持ちは、体験にお金を注ぎ込みます。美しいものを見たり、新しいことを経験したり、これらは心の栄養分として僕たちの体に蓄積《ちくせき》されていきます。

ダイエットを決心しても続かない人がほとんどです。人が行動習慣を変えるのは、非常に難しいのです。けれど、「思考」に関しては、一瞬でスイッチをオフからオンに切り替えることができます。まずは、自分の心が喜ぶことにお金をかけてください。

◆チェンジングマインド

ワクワクするものにお金をかける。
一輪の花でも「マインドリッチ」になれる。

若いうちから「信用貯金」を積み立てよう

海外で「トンデモブランド」に出会ったことはありませんか？

ＳＯＮＹではなくＳＱＮＹのラジオ。ＳＨＡＲＰではなくＳＨＡＲＫのマイク、ＨＯＮＤＡではなくＨＡＮＧＤＡのオートバイなどなど。

なかには、ピエールカイダンやチャンネルなど「座布団一枚！」と言いたくなるようなネーミングの偽ブランドを見かけることもあります。

では、ＳＯＮＹとＳＱＮＹのラジオが売られていたらどちらを買いますか？

「少しばかり高くても日本製のものを買いたい」と思いますよね。海外の人もそのように考えるからこそ、類似品の販売があとをたたないのではないでしょうか。

まったく同じことが、人に対しても言えます。その社長に信頼があれば、たくさんの融資《ゆうし》が集まるし、その会社に信頼があればものが売れます。社長や会社に信用があるからこそ、従業員はその会社に入りたいと思うのです。

信用は一朝一夕《いっちょういっせき》では手に入りません。日本の電機メーカーが長年の実績に裏打ちされ、世界中で信頼されているように、歴史の積み重ねが必要なのです。だからこそ、10代20代の若いうちは、信用を積み上げる期間として大事なのです。

作家の本田健《ほんだけん》さんには、「本の帯の推薦《すいせん》文を書いてほしい」という依頼がたくさんくるそうですが、誰でもOKというわけではありません。

「家族ぐるみでつきあいをしている人」「10年後も同じ仕事をしている人」だけ推薦文を書くそうです。この基準を課《か》すことで、自らのブランドを崩さないようにしているのです。一流の人は「変わらない」ことこそ一番の信用だと考えています。

特にビジネス面では、職業を変えないことが信用につながります。医者や弁護士がなぜ信用されるかというと、10年後も同じ仕事をやっているからです。

◆チェンジングマインド

若いときから「信用銀行」に貯金をしよう。
信用さえあれば、お金はあとからついてくる。

第6章

仕事も遊びも「時間の密度」を濃くする

人生を全力で楽しむ

「ダラダラ勉強」より効果的な「一夜漬け」

ここに2人の高校生AくんとBくんがいます。2人とも受験生です。

Aくんは3年間、勉強のスケジュールを立てて、毎日勉強を続けました。

Bくんは2年半遊んでラスト半年間、寝る間を惜《お》しんで猛勉強しました。

さて、どちらが志望校に受かると思いますか?

これは僕の経験上の答えですが、大学に受かるのは間違いなくBくんです。

僕は3年も浪人していたからわかるのですが、浪人生は勉強なんかしていません。「落ちたらどうしよう」と言いながら悩んでいるだけです。受験まで1年あっても、結局、半年前になってから準備を始めます。受験生とはそういうものです。

灘《なだ》高といえば毎年、東大に現役で入る生徒数が全国トップに近い進学校です。その校長先生の話によると、灘高は勉強ばかりやらせているように思われがちですが、実際はスポーツをやっている生徒のほうが東大に現役合格するそうです。

その理由は、スポーツで集中力が鍛《きた》えられるからです。

勉強にもスポーツにも、いざというときに発揮される「ここ一番力」があります。

それは短い時間に集中しなければ身につきません。ダラダラやっていては磨《みが》かれない能力なのです。一般的に「一夜漬け」はやってはいけないことの代名詞ですが、意外と効果的です。なぜなら「明日試験だ」という背中に火のついた状態がもたらす集中力によって、「ここ一番力」が磨かれるからです。

人間は普段、持っている筋力の30％しか使っていないと言われています。

「火事場の馬鹿力」と言われるように、人は生存本能が脅《おびや》かされると、普段より格段に能力がアップします。大男でも運べないようなタンスを小さな女性が持ち出すことがあるように、必死になると通常の倍以上の力を発揮《はっき》できるのです。

◆チェンジングマインド

「ここ一番力」は集中力で磨かれる。
「ここ一番力」で不可能も可能になる。

遊びの時間の密度を濃くすると仕事の密度も濃くなる

ゴールドマン・サックスはニューヨークに本社を置く巨大証券会社ですが、マネージングディレクターのトップクラスには、年収1億円以上稼ぐサラリーマンがいます。

彼らには、さらにボーナスとして1億円と、3ヶ月の休暇《きゅうか》が与えられます。

その3ヶ月をのんびり過ごす人もいれば、世界中を旅して回る人もいるそうです。

逆に言うと、休暇以外の日は、日本人が想像もできないほどの激務《げきむ》で、命を削って24時間働くのです。まさに、究極のオンオフの切り替えと言えるでしょう。

仕事の密度を濃くすると、遊びの密度が濃くなります。

そして、遊びの密度を濃くすることで、仕事の密度も濃くなるのです。

僕はウェイクボードやウェイクサーフィンが大好きで、仕事がオフの日は波を求めて沖縄やハワイなど、どこへでも行きます。

コバルトブルーの海にサーフボードを浮かべ、波に乗って地平線へジャンプ。鳥の目線で水面から数メートルの高さへ舞い上がります。その瞬間、アドレナリンが全身から吹き出します。生きていてよかったと思う瞬間です。

この喜びが、僕の人生を豊かにしています。遊びに熱中するからこそ、仕事でもアドレナリンが吹き出すようなパフォーマンスができるのです。

海外では日本人が過労死《かろうし》したという問題が、たびたび取り上げられています。BBCニュースの原文でも、過労死を「karoshi」とそのまま表記していました。英語の辞書にも「karoshi」と掲載されているのです（Oxford English Dictionary Online）。

実際、僕も海外に出たときにはよく質問されます。

「日本って過労死の国でしょ。みんなロボットみたいに働いているの？」

これからの日本人は、「仕事にも遊びにも全力投球する人」でありたいものです。

◆チェンジングマインド

仕事と遊びのスイッチを切り替える。
遊びを全力で楽しむと、仕事も効率よくできる。

準備に時間とお金をかけすぎてはいけない

日本の昔話『ナメクジとムカデの伊勢参《いせまい》り』を知っていますか？　ナメクジとムカデが一緒に伊勢参りに行く約束をしますが、約束の時間になってもムカデが来ません。ナメクジは「先に出たのかな？」と考えて出発し、無事に伊勢参りを終えて帰宅すると、なんとムカデは、まだ自宅にいました。遅れた理由を聞くと、「足がたくさんあるから、わらじをつくっていた」と、ムカデは答えました。

この昔話の教訓は、「準備に時間をかけすぎると、チャンスを逃してしまう」ことです。逆に、十分な準備が整っていなくても、すぐに実行する人はチャンスをつかむことができるのです。

僕もクリニックを新規開院するときには、「準備に時間をかけすぎない」「設備にお金をかけすぎない」ことを心がけています。

実際、僕はクリニック1号院をたった100万円でオープンさせました。

もし、「1億円貯めて最高のクリニックをオープンしよう」と考えていたら、10年くらい時間をロスしていたでしょう。逆に、時間もお金もかけないという「ナイナイ開業」だったからこそ、誰よりも早く目的地にたどりつけました。ものがない、時間がない、お金がないときほど、それを補《おぎな》うアイデアが生まれてくるのです。

格安航空券で一世を風靡《ふうび》し、いまでは大手旅行代理店となったエイチ・アイ・エス創業者の澤田秀雄《さわだひでお》会長も、友人と二人で会社を立ち上げたとき、行き先をバリだけに絞ってビジネスを始めました。その他の行き先の格安航空券は、まだ手配できなかったからです。

しかし、それでも澤田氏は「すぐ始める」ことを決断しました。もし、すべての準備が整ってから起業していたら、おそらくいまのような成功はなかったでしょう。

◆チェンジングマインド

「準備万端」を求める人はチャンスを失う。
「準備不足」でもアイデアで補うことができる。

早起きは5000万円の得

昔から「早起きは三文の得」と言いますが、僕は「早起きは5000万円の得」だと思っています。朝型の生活をしている人は夜型の人に比べて平均年収が高く、年収1400万円以上ともなると6割以上の人が朝型なのだそうです。

さらに、貯金額にも差があります。貯金額100万円以下の人では朝型が2割、夜型が5割なのに対し、貯金額5000万以上の層では朝型が4割、夜型が2割なのです（『プレジデント』2013年7月号より）。ちなみに、夜型の人は配偶者や交際相手のいない比率が高く（朝型16％、夜型29％）、幸福度も低いというデータもあります。

僕は1日で最も集中できる時間帯は、「夜明け前」だと思っています。

夜中に考え事をしていると、ついついネガティブな方向に思考が進んでしまいますが、早朝にはどんどん前向きなアイデアが湧《わ》いてくるからです。

やはり、十分な睡眠で頭がリセットされているからでしょう。

それでは、夜の時間は有効利用できないのかというと、そうではありません。夜には朝にはない「突進力」があります。締め切り前日の夜、普段の倍のスピードで仕事を進めた経験はありませんか？

要は時間帯ごとに、うまく使い分けることが大切なのです。

僕は1日を午前中の「クリエイティブ・タイム」、午後の「ノンクリエイティブ・タイム」の二つに分け、早朝から午前中の間にクリエイティブな仕事をすべて終えるようにしています。そして、午後は人に会うなどの用事に当てていますが、これもすべて脳の時間帯ごとの状態に合わせて最適な使い方をするためです。

このように、1日を二つに分けて使うには「早起き」をする必要があります。

やはり、「早起きは5000万円の得」なのです。

◆チェンジングマインド

早起きをすると、1日を効率的に使える。
脳の特性を生かし、時間を使い分けよう。

笑うとガンが消えて、頭もよくなる

こんなアメリカンジョークがあります。

ある紳士が一流レストランのウェイターを呼び、注文しました。

「裏側が真っ黒に焦《こ》げたトースト、ドレッシングでベトベトのサラダ、中身がドロドロのゆで卵、それからゴムのように硬いベーコンを出してくれないか」

ウェイターが驚いて、「お客さま、そのような料理は出せません」と言うと、紳士は続けました。「そうかね？　昨日の朝は黙っていても出してくれたけど」

ユーモアを身につけると、生きていくのが楽になります。

とんでもない朝食が出てきてもイライラせず、この紳士のように自分の体験談をコミカルに伝え、ウェイターにスマートにクギを刺せることでしょう。

ユーモアという人生のスパイスを身につければ、あなたは怒りや悲しみの感情をコントロールすることもできるのです。

ユーモアは、コミュニケーションに役立つだけではありません。1991年に、ガン患者を含む19人に吉本新喜劇を鑑賞してもらった前後で、ナチュラルキラー細胞（免疫力の源とされる細胞）の変化を調べる実験が行なわれました。その結果、鑑賞後のナチュラルキラー細胞は明らかに増加していました。

この実験結果は「笑うことが免疫力を高める」として、大きく注目されています。

行動学者のスーザン・ワインシュヴェックさんは、「笑いながら学習した子どもたちは普通に学習した子どもたちよりも成績がよかった」と発表しています。

つまり、笑うと学習能力も向上するのです。

Humor（ユーモア）はHuman（ヒューマン）という言葉の転成だそうです。「人間性」という意味です。あなたもユーモアを理解する人になってください。

◆チェンジングマインド

ユーモアは人間関係の潤滑油《じゅんかつゆ》。

一流の人は一流のユーモアセンスを身につけている。

自分の顔に責任を持つ

第16代アメリカ合衆国大統領、エイブラハム・リンカーンの有名な言葉です。

「人は40歳を過ぎたら自分の顔に責任を持たねばならない」

あるとき、大統領の側近として推薦《すいせん》された人物を面接したリンカーンは、彼を採用しませんでした。周りの人たちに「どうして」と聞かれて、リンカーンは答えます。

「顔が悪すぎる。人は40歳を過ぎたら……」と、前述の言葉につながります。


この「顔に責任を持て」とは、どういう意味でしょうか?

40歳といえば働き盛《ざか》りであり、それなりに人生の経験も積んだころです。

きっと、リンカーンは人の知性や品性を一目で見抜いていたに違いありません。

僕も、人の生き方や考え方は顔に出ると思っています。世の中には「無気力な顔」「卑《いや》しい顔」「怪《あや》しい顔」のように性格が表ににじみ出ている人がいます。人はたった3秒で相手のイメージを把握し、それは7割当たっているそうです。

日本政府は成人年齢を20歳から18歳に引き下げる方向で制度改革をしています。

日本の法律では、未成年のうちは親に扶養《ふよう》の責任があります。

しかし、成人を迎えると、自分で自分を養わなければなりません。

もし、あなたがまだ親の脛《すね》をかじっているならば、それは自分の責任を果たしていないと言えます。そんな人の顔からは、きっと「責任感」は感じられないでしょう。


英語にも、「本は表紙だけではわからない」という有名なフレーズがあります。

ところが、人間は「表紙」、すなわち顔だけで品性や知性がわかるのです。だから、私たちは常に明るい表情をして、人に好かれる顔を保たなければなりません。

そのために、まずは笑顔と清潔《せいけつ》感のある服装を心がけましょう。

◆チェンジングマインド

「知性」や「品性」は顔に表れる。

自分の顔に責任が持てる人になる。

趣味は一流の人脈をつくる最短ルート

「仕事が忙しくて趣味の時間が持てない」と嘆《なげ》く人がいます。

しかし、僕は本当に好きなことだったら、それを仕事にするべきだと思います。

なぜなら、人は好きなことをやっているとき、一番幸せを感じるからです。


僕はウェイクボードが大好きで、タイのプーケットにあったエビの養殖場を改造して、東京ドーム1・5倍くらいの広さのウェイクボードができる『ケーブルパーク』という施設を造りました。

施設を造ったきっかけは、モーターボートで引っ張られて走るウェイクサーフィンをやっていたときのことです。タイでは、15分引っ張られて5000円くらいの価格設定なのに、たくさんの旅行者がばんばんお金を払うのを見て、「これは儲《もう》かるな」と思いました。そこで、自分でも船を買って、操縦士《そうじゅうし》を雇《やと》いました。

そのうちに、「自分が滑《すべ》りたいときに滑りたい」という思いがエスカレートし、全天候型のウェイクボード用のドームを造りたいと考えるようになりました。

すると、今度はドイツ製のウェイクボード機を買ったら一度に8人滑れると知りました。「1人5000円で、同時に8人滑ったら4万円」と計算して商売になると思いました。日本ではコストがかかるけどタイなら安いとか、エアアジアが飛んでいるとか、いろいろ調べました。自分が大好きなことだから、誰よりも詳しくなれるのです。

いまでは、僕の施設にはウェイクボード好きな有名選手が世界中から集まってきて、仲間がユーチューブ用のPVをつくったりもしてくれています。

毎年、ウェイクボードの大会も行なっていて、特に冬の寒い時期には日本人もたくさんやってきます。

僕は大好きなウェイクボードを通して、世界中の人たちとの人脈ができました。「趣味を仕事にする」ことは、実際にやってみたら意外と簡単だったりするのです。

◆チェンジングマインド

「趣味に生きる」と「仕事に生きる」は同じ。

「好き」に勝る能力はない。

毎日1㎜、進化し続ける生き方

山形新幹線の『つばさ』には、車内販売で年間売上日本一になった茂木久美子《もきくみこ》さんという売り子さんがいました。2010年に彼女が打ち立てた東京駅～新庄駅の「片道だけで54万円」という売り上げ記録は、現在も破られていないそうです。

そんな茂木さんの売り方は独自の創意工夫《そういくふう》にあふれています。たとえば、わざと方言を使うことで「話をしてみたい！」と観光客の興味を引きつけました。ビジネスマンと観光客では、接し方も変えました。

また、普通の売り子さんは一車両あたり3往復しかしないところを、顧客との接触回数を増やすために7往復したそうです。そして、自分で「おつりを入れるベルト」を作り、普通の車内販売員より数倍速くお金を受け渡しできるようにしました。

ここで考えてほしいのは、茂木さんは「お金のためだけ」に仕事をしていたわけではないということです。彼女は自分の仕事に誇《ほこ》りを持ち、乗客が喜ぶ姿を見たいと思い、進んで独自の工夫を編み出したのです。
「私は時給1000円だからそれ以上は働かない」という枠の中で働いている人は、自分自身を超えることはできません。あなたは、「給与以上に働いたら損だ」と思っている人を応援したいと思いますか?

僕自身も、常に昨日の自分より今日の自分が1㎜でも成長するように心がけています。僕は今でも手術を続け、その技術を高めています。なぜなら、自分自身が技術を高めなければ、「技術を高めようと努力する優秀なスタッフ」を集められないからです。また、スタッフの技術が向上したときに、それを瞬時《しゅんじ》に見抜いて評価することもできないからです。このように、あなたが本当に輝く場所は、与えられた仕事の枠を越えた先にあるのです。

◆チェンジングマインド

自分で自分の限界を決めない。
常に、「あと一歩」、進化する。

消える仕事、新しく生まれる仕事

オックスフォード大学でＡＩの研究を行なっているマイケル・オズボーン准教授の研究によると、人間が行なう仕事の半分は機械に奪われるそうです。銀行員、ホテルの受付、レジ係、警備員、事務員など、今後10年くらいでアメリカの総雇用者の約47％の仕事が自動化されるリスクが高まっているのです。

医療界でも、超音波検査によるガン検診は、ＡＩが勝手に病巣を見つける時代がやってきます。症例を1万例くらい覚えさせると、人間を超えた高い精度で超音波画像の中からＡＩが的確にガンを見つけるのです。

これまで人にしかできないと思われてきたことを、ＡＩが次々とできるようになっていく、僕たちはそんな時代に生きているのです。

ＡＩに取って代わられる職業にしがみつこうとすると、未来はどんより灰色に見えるかもしれません。けれども、クリエイティブに働きたい人にとっては、自らの可能性を広げる素晴らしい飛躍の時代がやってきたのです。

いまや、将棋、囲碁、チェスなどほとんどの世界チャンピオンがＡＩに敗《やぶ》れています。『ベストセラーコード』（日経ＢＰ社）では、これまで偶然とされていたベストセラーには共通の法則があるということを解き明かしています。人間の「最後の砦《とりで》」である小説においても、これからはＡＩがベストセラーを書く時代がやってきます。

２０１６年には、ＡＩがつくった小説２点が第３回星新一賞の１次審査をパスしたことが話題になりました。

ＡＩは間違いなく、スマホと同じように必需品になります。

そんな時代の寵児《ちょうじ》ＡＩを、仕事を奪う敵とするか、最強の武器として有効利用するかは、あなたの選択次第なのです。

◆チェンジングマインド

「誰にでもできる仕事」を見直す。

ＡＩを敵ではなく味方にする。

「結果にコミット」するための絶対条件とは？

アメリカの講演会の中には面白い仕組みを採用しているものがあります。

来場者は最初に入口で50ドルを支払い、それを受付に用意されたボードにクリップしておきます。講演を聴いて面白くないと思ったら、その50ドルを持って帰っていいというルールなのです。日本にはないスタイルですが、結果が伴わなかったらお金を返すというのはいかにもアメリカ流ですね。

僕が手掛《てが》け、全国に展開しているAGAスキンクリニックでは、発毛を促《うなが》す投薬を行なっていますが、じつは昔から発毛効果のある薬は存在していました。

10年前に『フィナステリド』という発毛薬が発売されたときは、「これはすごい」と言われましたが、あまり普及しませんでした。なぜなら、多くの人はその薬を飲み続けなかったからです。僕も当時、1ヶ月くらい飲んで「何も効果ないよね」とゴミ箱に放り投げた一人です。薬に対する情報や理解がなかったためです。

もし、『フィナステリド』の購入者が最初に6ヶ月分の代金を先払いして、薬を飲み続けていたら、この薬は薄毛治療の特効薬《とっこうやく》だと脚光を浴びたでしょう。

結果にコミットするためには、1ヶ月ずつの代金支払いではダメなのです。先にクリニックにお金を支払うことで、半年間は通うだけで投薬が受けられます。すると、飲み続けるから髪が生えてくる、生えてくるから飲み続けられるというサイクルが生まれます。このサイクルができた人は満足度が高く、クリニックを信用してくれます。

ですから僕は、「1ヶ月ずつ支払いたい」と言う人の治療方法の再考を促すよう職員に指導しています。もしも、支払いを都度《つど》払いにしたら、途中でドロップアウトする人がたくさん出てきます。結果にコミットできないのです。そして、「あのクリニックに通ったけど、全然、効果がなかった」という悪口を言う人が出てきてしまうのです。

◆チェンジングマインド

「結果にコミットする」ことで信用が得られる。
「信用が積み重なる」ことで名声が得られる。

川上で「石」を投げる人になる

『ハリー・ポッター』の出版元、静山社《せいざん》の松岡佑子《まつおかゆうこ》社長がこの本を翻訳《ほんやく》出版したとき、受けた取材はわずかな業界紙だけだったそうです。けれども、そのインタビュー記事が通信社などによって拡散され、瞬《また》く間にテレビ、新聞、雑誌で広まったのです。

これが、「川上に石を投げる」ということです。

川下で石を投げても波紋《はもん》は広がりませんが、川上で投げた石の波紋は、どんどん川下へ拡散されていきます。それにより、静山社はハリー・ポッターに広告費を一切かけずに累計２３６０万部（売り上げ約６５１億円／２００８年時）を売ったのです。

情報には2種類あります。一次情報か、それを加工した二次情報のどちらかです。

そして、最も価値があるのが一次情報です。

一次情報とは、まだ、誰も知らない情報です。たとえば、上場会社の社長が飲み会の席で、新しい商品や技術を開発していると話したとき、その会社の株を買っておけば、株価は将来数倍になるかもしれません。
僕は仕事柄《がら》そういう話をよく聞くのですが、インサイダー取引に抵触する可能性があるのでそうした株は一切買っていません。でも、目ざとい人ならば、酒の席で財界人が漏らした一言で大きな資産を築くことができるかもしれません。

以前、僕の美容外科の師匠に、「ボトックス（美容に用いる製剤）の会社をつくるから投資してよ」と言われ、手術を習った授業料のつもりで1000万円出資しました。よい製剤だったのでクリニックで使ったりほかの医院にすすめたりしていたら、なんとその会社が上場し、投資額の1000万円が1億5000万円になったのです。

一次情報の発信者から情報を得ると、そんなラッキーがめぐってくることもあります。このように、川上にある情報にはとんでもない大きな価値が含まれているのです。

◆チェンジングマインド

情報は「川上」で入手する。
一次情報の発信者になる。

歴史に名を刻む覚悟

僕は2017年の年末に、世界の名器・ストラディヴァリウスを手に入れました。値段は6億円。周りから「それはお金の無駄遣《むだづか》いだよ」と言われるかもしれませんが、お金はあの世に持っていけません。一生使わないお金を銀行に溜め込んでおくほうがよほど「無駄」だと思います。

「名器は人を選ぶ」と言います。ある日突然、お金を握りしめて「ストラディヴァリウスをください」と楽器屋さんを訪れても買えるものではありません。それでは試し弾《び》きはおろか、見せてもらうこともできないでしょう。だから、僕は数百万円のヴァイオリンを数挺《ちょう》買いながら、本気で買う気があることを理解してもらったのです。

僕が最初に買ったヴァイオリンは、イタリアの新作で252万円。そのときは高いなと思いましたが、弾いていくうちに、楽器が持っている音色がそれぞれ全然違うことがわかりました。その半年後に100年前のスカランペラという名器を買い、それからオールドヴァイオリンと、さらにイタリアのヴァイオリンを買いました。

するとだんだん僕の本気度が伝わり、やっと仲介してくれる方が現れたのです。

僕の買ったものは1698年に制作された、「ケイブリアック」という名称なのですが、ストラディヴァリウスは売買するときに鑑定が終わっているので、名器図鑑の系譜を見れば、どの楽器を誰が持っているかが、すべて明らかになっています。

僕も図鑑に載り、歴史に名を刻むことができるのです。とても名誉なことです。

そして、この名器が僕にたくさんの人や情報を引き寄せてくれました。

名器は、所有者が亡くなったあとにも歴史が続きます。いま、僕はたまたま名器を手にしましたが、仮の所有者でしかありません。楽器は自分が亡くなったあとにも世界の宝として生き続けるでしょう。

◆チェンジングマインド

夢にお金をかけると、さらに夢が膨《ふく》らむ。

超一流のものが超一流の人を引き寄せる。

「変身の魔法」が使えない7人の残念な人たち

誰でも、いつでも、どこでも、人生はチェンジできます。「変身の魔法」は誰にでも使えるのですが、それでも変身できない人が、現実には存在します。

1．自分だけ儲《もう》けようとする人

お金に目がくらんで人を裏切る人がいます。特に、お世話になった人を裏切るのは最悪です。一時的にはうまくいったとしても、また元の姿に戻ってしまいます。

2．すぐキレる人

怒鳴《どな》ったり、怒ったり、イライラしたり、人にあたる人は、幸せになれません。感情に振り回されて衝動的な行動をしていると、人は誰もついてこなくなります。

3．ウソをつく人

見栄っ張りで派手好きで、人前で自分の実力以上にいい格好をしようとします。ついには、ウソにウソを重ね、裸の王様になってしまいます。

4．嫉妬《しっと》深い人

他人の成功が喜べず、常に悪口を言っている人のことです。陰口《かげぐち》を言うと、運がどんどん逃げていきます。

5．否定する人

「でも」や「だって」が口グセの人のことです。いつも、自分にも他人にも言い訳をして、責任逃れをしています。

6．親を大事にしない人

どんな親であれ、あなたを産んでくれた人に対しては、最上の感謝の心が必要です。喜びや楽しみ、笑いと涙、これも親がいたから味わえる感動です。

7．時間の尊《とうと》さを知らない人

平気で約束の時間に遅れて来る人がいます。時間の大切さをわかっていないのです。一度しかない人生なのに、無駄なことに時間を浪費しています。

◆チェンジングマインド

変身の魔法の最大のスキルは「誠実さ」。
「感謝の心」が奇跡を起こす。

第7章

あなたを縛っている「ドリームキラー」

「できない」という鎖を断ち切る方法

「靴を売る人」のビッグチャンス

靴を売る営業マンが二人、アフリカへ現地調査に行きました。

二人は現地の様子を見て驚きました。みな裸足《はだし》で生活していたからです。

一人の営業マンは、「現地人は靴を履《は》いていないので、市場はありません」と言いました。もう一人の営業マンはまったく同じ状況を見て、真逆の報告をしました。

「誰も靴を履いていないので、市場は無限大です!」

僕がクリニックを全国展開していく過程にも同じようなことがありました。

東京美容外科の沖縄進出を検討していたときのことです。「沖縄の人は二重マブタだから目の手術なんてしないよ」と多くの人に言われたのです。

けれども、沖縄で開院してみると、開業とともに爆発的に予約が入ったのです。周りが二重マブタだらけなので、コンプレックスを持っていた人が多かったのでしょう。

医師も沖縄で募集したのですが、「田舎で仕事をする人はいないよ」と仲間の医師に言われました。しかし、沖縄で働きたいという医師はあっという間に集まりました。

僕たちは誰もが固定観念という「見えない鎖《くさり》」に縛《しば》られて行動できなくなっています。いままで経験したことがないことに対して拒否反応を示してしまうのです。

クロネコヤマトといえば「宅急便」で有名ですが、その生みの親はヤマト運輸の創業者の次男、小倉昌男《おぐらまさお》さんです。ビジネスの軸《じく》を個人向け宅配にシフトするという小倉さんの構想に、経営陣は皆、猛反対したそうです。

当時、個人の荷物配達は郵便局が独占していました。「荷物の重さは6kgまで。しっかり梱包《こんぽう》して紐《ひも》をかける、荷札《にふだ》をつけて郵便局へ持ち込む、到着日時は不明」など、使い勝手の悪いものでした。「国の事業に民間が勝てるわけがない」と誰も参入しようとしませんでした。しかし、小倉さんだけが「市場は無限大だ」と確信したのです。

◆チェンジングマインド

「できない」と言った瞬間から「できなく」なる。
「できない」を「やってみる」にチェンジする。

レッドオーシャンからブルーオーシャンへ

人に「そんなの無理だよ」と言われたら、それは大きなチャンスです。

なぜなら、皆、無理だと思ってやろうとしないからです。

つまり、人が「できないこと」ができたら、それは快挙《かいきょ》なのです。

僕も独立開業を考えたときには、学友からもずいぶん「無理！」と言われました。

「美容外科を開業するなんて絶対失敗する。品川美容外科も神奈川クリニックも高須クリニックもある中で、いまさら新規参入なんてできないよ」と言われました。

それで僕は、「どうすればできるのか?」とあれこれ考えました。

ひらめいたのが、「飛行機に乗って美容外科が一軒もない地域に出向く」という作戦です。当時住んでいた大阪を拠点に、そこから日帰りで行って帰って来られる地方都市を調べ、そこで開業したのです。

1号院は松江で、当時、伊丹空港から出雲空港まで片道1万6000円、所要時間は約50分でした。都市部では1時間かけて通勤している人はざらにいますし、新幹線通勤の人もいます。それなのに、誰も飛行機を使うという発想はしなかったのです。

結果的に、この戦法は大正解でした。大阪なら1日に1件しか入らない予約が5件も入るという奇跡が起こりました。この調子で、東京や大阪から飛行機で行けるところに開業すると、クリニックの数は一気に30院に増えたのです。

また、「週に1度だけ開院するクリニック」にすることで、1ヶ所で週に5日開院するのに比べ、何倍もの患者さんを手術することができました。当時は僕のほかに2名の医師を雇い、それぞれ看護師とタッグを組んでチームで飛行機通勤していました。

クリニックの開院を例に挙げましたが、これはどんな業種にも当てはまります。ものを売ったりサービスを提供したいときには、待っているのではなく、こちらから出向いて行ったほうがよいケースがたくさんあるのです。

◆チェンジングマインド

ライバルと同じ場所では戦わない。
俯瞰《ふかん》してみるとブルーオーシャンが見えてくる。

「親の言うことは間違いない」は間違い

自分を変えることのできない人をよく観察すると、親の〝見えない鎖〟に縛られている方が多くいます。特に、母親の影響は絶大です。

たとえば、食べ物の嗜好《しこう》。親が高カロリーな食事をしていれば、子どもは肥満《ひまん》体型になります。お金の使い方もそうです。親が浪費家なら子どもも無駄遣いし、親が倹《けん》約《やく》家なら子どもも貯金が好きになります。

ほかにも、仕事観、恋愛観、結婚観、人とのつきあい方、礼儀作法、挨拶の仕方、生活習慣すべてが親から影響を受けています。

そして、親から強制された価値観が、自分の価値観だと思い込んでしまうのです。

最も怖いのは、親が無意識に「幸せになってほしい」「苦労はさせたくない」という思いで子どもをコントロールしていることです。僕も子どもの頃は両親から、「いい学校に行って、大企業に入りなさい」と言われ続けました。

しかし、親の価値観に縛られて生きている限り、人生は好転しません。

いますぐ、見えない鎖を断ち切る必要があります。


企業の成長と衰退を表した学説に、「企業30年説」があります。

30年とは、人間が生物として子孫を残すワンサイクルです。

同じように、一つの世代も30年で価値観がまるで変わってきます。

親は仕事のツールとしてポケベルが主流の時代に生まれました。しかし、いまの若者は、生まれたときからスマートフォンがある「デジタルネイティブ世代」なのです。

僕は、30年前の古い価値観を持っている親に、新世紀の時代の歩き方は教えられないと思っています。たとえ教えてもらっても、とうてい成功するとは思えません。

子どもは自分の頭で考えて、自分の人生を歩んでいくべきなのです。

◆チェンジングマインド

「親心」という善意の鎖を断ち切る。

精神的にも物理的にも親と距離をとる。

人を説得するためには「結果」を出すこと

ある田舎に、30代の3兄弟が住んでいました。3人とも結婚していなかったのですが、母親が亡くなると同時に、1～2年で、全員が結婚しました。

これは、母親が子どもたちの心の重石《おもし》になり、縛りつけていた典型《てんけい》です。

自分でも気がつかないうちに子どもを支配している親は多くいます。しかし、どんなに反対されても、「僕はこっちの道に進みたい」という思いがあるのなら、突き進むべきです。親も最後にはわかってくれます。なぜなら、僕自身が経験者だからです。

僕は、医者になることも、独立開業も、両親に反対されました。

親の強い反対を押しきり、自分の進みたい道を開拓してきました。

そしていまは、あれほど反対していた親が、僕の応援者になってくれています。

なぜ、反対から賛成に変わったのか？　それは、結果を出したからです。

僕は自分の子どもに「医者になれ」と言ったことはありませんが、子どもたちは

「将来は医者になりたい」と言っています。

親にできるのは、支配することではなく背中を見せることです。子どもの人生に干《かん》渉《しょう》してはいけません。子どもは親とは別の人格を持った一人の人間だからです。

『ハチミツとクローバー』の作者・羽海野《うみの》チカさんは、漫画家を目指していたころ、父親から「どうせ失敗する」と反対されたそうです。それでも描き続けたから、漫画家としての成功があるのです。この体験は、作品にも生かされています。ヒーローの一人、森田忍《しのぶ》の名ゼリフは、父親に反対されたことがきっかけで生まれました。

「親が子供に教えなければならないのは、『転ばない方法』ではなく、むしろ、人間は転んでも何度だって起き上がれるということじゃないか！」

親の反対を振りきって突き進んだ先に、新たな道は生まれます。

◆チェンジングマインド

途中であきらめず、最後までやり抜く。
結果を出せば反対者も応援者に変わる。

トラックいっぱいの「できない理由」

1923年、ニューヨーク・タイムズ紙のインタビューで「なぜエベレストに登るのか?」と聞かれたイギリスの登山家ジョージ・マロリーが「Because it is there.」(そこに山があるから)と答えたのは有名な話です。

ところで、彼の最期を知っていますか? 1924年、エベレストに入山して行方不明になりましたが、55年後、うつ伏せでミイラ化した彼の遺体が頂上付近で見つかりました。1953年にエドモンド・ヒラリーが初登頂してから現在に至るまでに216人もが命を落とし、その多くが山に残されたままになっています。

さて、あなたが目指す〝山〟は何ですか?
それはエベレスト登頂と比べて難しいですか?
命を落とす危険性がどのくらいありますか?
多くの人が夢を持っていても、「自分には無理だ」と思ってやろうとしません。

「できない理由」をトラックの荷台がいっぱいになるくらい持っているのです。

でもそれは、「できない」のではありません。「やらないだけ」なのです。

「自分の店を持ちたい」「海外で働きたい」「会社を辞《や》めて独立したい」

夢は人それぞれですが、どの夢に向かって行動しても、死ぬことはありません。

それから、もう一つ大事なことは、ほかの人にできたことならあなたも必ずできるということです。なぜなら、すでにお手本となる人がいるからです。


エベレスト登頂の北東側ルートには、登山家が「グリーンブーツ・ケープ」と呼んでいる場所があります。名前の由来は、その近くに、グリーンの登山ブーツを履《は》いた登山家の遺体があるからです。彼は亡くなった後も登山者の道標《みちしるべ》になって、多くの人の命を救っているのです。

◆チェンジングマインド

どんなに失敗しても命までは取られない。

一人ができたことは100人ができる。

人生はドリル、あと少しで解ける

東日本最大規模の幼児教育塾の創始者・河内宏之《かわちひろし》さんが書いた『大丈夫。あと少しで、きっと解ける。～人生はドリル～』（幻冬舎）という本があります。この本のテーマは、「人生の難題《なんだい》から逃げてはいけない」ということです。僕たちは人生でさまざまな問題にぶつかります。しかし、そこで逃げると、また、同じような問題にぶつかったときにも逃げてしまうのです。一つ一つその問題を解決しなければ、次のステージに進むことはできないのです。

仕事がきついと会社を辞めた人は、次の会社でも同じ理由で退職するでしょう。もしかしたら、仕事に対する能力が不足しているのかもしれません。それを認め、改善した人だけが次のステージに進めるのです。

恋人が自分の思い通りにならないといってケンカ別れする人もいます。人間関係を改善できない人は、いつまで経っても出会いと別れを繰り返すでしょう。

憧《あこが》れの大学はあるけれど、最初から無理だと思ってあきらめてしまう人もいます。そして、滑《すべ》り止めの大学に入って満足してしまうのです。これは本人の頭が悪いからでも、親からの遺伝のせいでもなく、怠《なま》けていただけの話です。

問題から逃げている限り、また同じ問題が形を変えてやってくるのです。

人生は時間との戦いです。なぜなら、僕たちの命には限りがあるからです。

時間を大切にすることわざは、世界中にあります。中国は「光陰矢《こういんや》の如《ごと》し」、アメリカには「タイムイズマネー」、アフリカには「粘土《ねんど》の乾《かわ》く前に作業しなさい」など。

人生のきらめきは一瞬です。最短距離で目的地に着かなければあっという間に終わってしまいます。あきらめない人にとって問題はもうすぐ解けます。河内さんの本のタイトル通り、あと少し、あと少しなのです。

◆チェンジングマインド

一度問題から逃げると、また同じ問題がやってくる。
一度クリアした問題は、二度とやってこない。

「出ない杭」は土の中で腐る

「出る杭《くい》になれ。出ない杭は土の中で腐《くさ》る」と言ったのは、『平成の名経営者100人』に選ばれたトリンプ・インターナショナル・ジャパン株式会社元社長の吉越浩一郎《よしこしこういちろう》さんです。「才能は発揮されなければ腐ってしまう」ということでしょう。

それなのに日本人は、誰もが「目立たない杭」を目指しているようです。

これでは、いくら才能を持っていても活躍《かつやく》しないうちに人生が終わってしまいます。

日本の企業には、いまだに保守的な風潮《ふうちょう》があるようです。

知りあいの22歳の女性は、会社の入社式で社長が「定年まで、会社に骨を埋めるつもりで頑張ってくれ」と言うのを聞き、「いますぐ辞めようと思った」そうです。

また、彼女は初めて社内会議に出て驚いたそうです。

「仕事を積極的に論ずる場ではなく、上司が決めたことを部下に伝える場だった」

このように、日本の会議の多くは「連絡会議」なのです。

ウソのような話ですが、「お前の今日の態度は立派だった」と上司に褒《ほ》められた日、彼女はその会議で一言も発言していなかったそうです。あまりに内容がバカバカしかったので黙っていたところ、しゃべらなかったことを評価されたのです。

かつては、「終身雇用」「年功序列」「学歴主義」の3つが日本の会社の特徴でしたが、いまでは時代遅れのものとなっています。

「出る杭にならない生き方」は、これから通用しなくなります。

むしろ、そのような生き方をしている人は、どんどんリストラされるでしょう。

サッカーの本田圭佑《ほんだけいすけ》選手は南アフリカW杯で決勝ゴールを決め、「出る杭は打たれるが、出すぎた杭は打たれない」という名言を残しました。自分の才能を生かし、「出すぎた杭」になることこそが栄光と幸せをつかむ方法なのです。

◆チェンジングマインド

「出る杭」とは自分の才能のこと。
批判を恐れていたら才能は生かせない。

あなたの欠点はお金に変わる

日本人は「劣等感《れっとうかん》」のことを「コンプレックス」と呼んでいますが、これは間違いです。正確には「劣等感」は「インフェリオリティ・コンプレックス」、「優越感《ゆうえつかん》」のことを「スーペリオリティ・コンプレックス」と言います。

劣等感と優越感は二つでワンセット、コインの裏表と同じような関係です。

僕は26歳くらいから少しずつ薄毛が進行し、とても悩みました。少しでも視線が頭に向いたら「あ、見られている」と疑心暗鬼《ぎしんあんき》になり、ついに、カツラをかぶりました。大好きなマリンスポーツもできなくなり、運動不足で体重が増えてしまいました。しかし、そこまでして隠していたカツラも、当時つきあっていた彼女とケンカしたときに友だち全員にバラされてしまいました。このとき、ハゲだと笑いがとれて、カツラだとドン引きされることを、身をもって実感しました。

僕にとって髪が減ったことは、のちにプラスに転換します。と言うのは、僕は自分の頭に毛を生やそうと毛生え薬の実験を行ない、それを論文にして発表したからです。そして、その効果が科学的に実証されて製品化につながりました。あのとき彼女にカツラだとバラされなかったら、もしかするといまの展開はなかったかもしれません。

オーストリアの精神科医アドラーは、身体器官の未熟性、脆弱《ぜいじゃく》さによる引け目がコンプレックスの元になると発表しましたが、あとになって、容姿・能力・学歴・収入・異性関係・社会的地位や名誉などのすべてがコンプレックスの原因になると修正しました。僕もまったく同感です。自己評価によって、すべてのコンプレックスは決まるのです。

コンプレックスをなくす最も簡単な方法は、他人と比べないということです。人と比べる限り、あなたはいつまでもコンプレックスから解放されることはないでしょう。

◆チェンジングマインド

コンプレックスが人生を好転させる。
自分の人生は最高のものだと思い込む。

他人はあなたなんて見ていない

シリーズ累計３００万部を売り上げた漫画『ダーリンは外国人』の冒頭に、主人公の「さおり」とのちに夫となる「ダーリン」が日本で出会うエピソードがあります。

さおりが「あなた、外国人だよね？」と言うと、ダーリンは「どうしてわかるの？」とビックリします。ダーリンは、これまで海外で一度も「あなたは外国人ですね？」と聞かれたことがなかったからです。

漫画の「ダーリン」は彫《ほ》りが深く、いかにも外国人顔です。しかし、彼が育った国は「外国人だらけ」なので、誰も他人が外国人かどうかなど気にしていないのです。

一方、日本人は他人との「違い」に非常に敏感です。おそらく世界でこれほど人目を気にする人種は、日本人だけではないでしょうか。その背景には、人と同じ格好・同じ髪型・同じ目の色をしていないと差別される日本の文化があると思います。

この「人目《ひとめ》が気になる」という感覚は、「自分が気にしているだけ」のことです。

たとえば、あなたは道を歩いているとき、前からやってくる人を見て、いちいち「あの人の顔はブサイクだ」と思ったことはないでしょう。

結局、「他人を気にしてしまう」のは、自分が意識している嫌な部分を、相手を通して鏡のように見ているだけなのです。


この「誰かに見られている」という思いが強くなりすぎると、他人に自分をよく見せることばかり考えるようになります。これは危険信号です。

「他人が期待する人生」を必死に演じるようになってしまうのです。

それでは、自分が本当に望む人生を生きることはできません。

逆に自分の人生を懸命《けんめい》に生きている人は、他人の目などまったく気にしません。

自分の夢に比べれば、他人の評価などチリくらいちっぽけなものです。

◆チェンジングマインド

人目を気にしているうちは成功しない。

「他人が期待する人生」ではなく「自分が期待する人生」を歩む。

自分の領域以外に投資してはいけない

車の追突事故を起こしたドライバーの約8割が「十分な車間距離をとっていた」と答えています（交通事故総合分析センター）。交通事故と同じように、詐欺《さぎ》にあった人のほとんどが「まさか、自分がだまされると思っていなかった」と答えています。

あなたが成功するにつれて、詐欺師もいっぱい近づいてきます。

詐欺師の特徴は「半可通《はんかつう》」、つまりその分野の通人であるような知ったかぶりをするのです。その上、物事のいい面しか口にしません。その儲け話にリスクがあることには触れず、儲かることしか言わないのです。

僕は基本的には、自分の領域以外に投資してはいけないと考えています。

なぜなら、自分の専門や得意分野でなら他人に負けませんし、自分の目線が確かなモノサシとして機能するからです。趣味もつきつめればビジネスになります。逆に言うと、自分の知らない分野に手を出して儲けようとするのは、自分の専門性を否定することになります。

先物取引、海外投資、仮想通貨など、知らない分野の儲け話には乗りません。

僕は専門のビジネスを持っていて、それが一番利益を生むことを知っています。

100万円の内装からスタートした手づくりのクリニックも、年商200億円になりました。それでも、あまりしつこく儲け話をすすめる人には、「あなたこそ僕に投資しなさい」と言うと、やっとお口にチャックしてもらえます。

自分の専門分野である美容や健康に投資するなら「目利《めき》き」に自信がありますから、たとえ儲からなかったとしてもそこから学ぶこともあるでしょう。けれども、専門分野以外の投資には、何の学びもありません。お金だけ失って何も残らないのです。

人生は早く目的地に着くゲームではありません。周りの景色を楽しみながら、あせらず、車間距離をとって、安全運転で行きましょう。

◆チェンジングマインド
「儲かりますよ」で儲かるのはあなたではない。

他人の口車《くちぐるま》に乗らず、自分の道を究《きわ》める。

第8章

愛される人、愛されない人

夢はみんなと一緒にかなえる

『おおきなかぶ』の抜き方

ロシア民話『おおきなかぶ』は、おじいさんが植えた「巨大なかぶ」を皆が協力して手に入れるという物語です。この絵本は「大きなことは一人ではできない。だからみんなで力を合わせよう」ということを教えています。僕はこの〝カブ〟は夢の象徴だと思います。おじいさんの夢が、おばあさん、孫、イヌ、ネコ、ネズミを巻き込み、みんなを動かしているからです。

大きな夢を達成するためには、人の力を借りなければなりません。目標が大きければ大きいほど、大勢の人に一度に手伝ってもらわなければならないのです。かぶを抜くためにはマンパワーが必要です。そして、全員が同じベクトルに力を発揮しなければなりません。一人でも知らんぷりをしていては、かぶは抜けません。

同じように野球チームが勝つためには、チームメンバー全員の協力が欠かせません。ピッチャーだけ、キャッチャーだけの力では勝てないのです。ライト、レフト、センターなどの外野から、ベンチで応援している選手まで含めたそれぞれが、「勝つ」という一つの目的に向かって与えられたポジションで頑張るその先に勝利があるのです。

ZOZOTOWNの創業社長、前澤友作《まえざわゆうさく》さんが2023年の月旅行計画を発表しました。月に、音楽家、画家、映像作家、ファッションデザイナーといったアーティストを連れていくことが話題になっています。

「パブロ・ピカソが月を間近に見ていたら、どんな絵を描いたんだろう。ジョン・レノンが地球を丸く見ていたら、どんな曲を描いたんだろう。彼らが宇宙に行っていたら、いまの世界はどうなっていたんだろう」

前澤さんが語った夢によって、多くの人が集まっています。これこそ、現代の「おおきなかぶ」です。あなたが手に入れたい「おおきなかぶ」は何ですか？

◆チェンジングマインド

夢を語る人のもとには夢をかなえたい人が集まる。
他人に応援される夢を持とう。

社会人に必要な「カンニングする力」

学校に通っている人と社会人の違いは何でしょうか？

それは、「児童・生徒・学生はカンニングしてはいけないけれど、大人になってからはカンニングしなければ生きていけない」という違いです。

学校で試験が行なわれるように、人生にも問題が出ます。「学校のテスト」は自分だけの力で回答しなければなりませんが、「社会のテスト」は周りの人の知恵やノウハウを借りる、つまり「カンニングする力」が必要なのです。

人生とは、「借り物競走」のようなものです。他人の才能を借りた人が成功します。

鉄鋼王アンドリュー・カーネギーの墓石《ぼせき》には、「己《おのれ》より優《すぐ》れた者を近づける術《すべ》知りたる者、ここに眠る」（Here lies one who knew how to get around him men who were cleverer than himself）とあります。つまり、自分が優秀になるよりも、才能を持つ人を集めることのできる人こそが成功者だと言っているのです。

人々が応援したいと思う人には二つの特徴があります。一つは、自分の欲ではなく、多くの人を幸せにしたいという純粋さがあること。二つ目は、周りが「この人、バカなんじゃない？」と思うくらい、理想に向かって突っ走っていることです。

ウォルト・ディズニーはテーマパークなど誰も見たことがなかった時代にディズニーランド構想を語って多額の資金を集め、実際に「夢の国」を開園させました。「そんなことができるはずがない」と言う人たちに惑《まど》わされず、自分の信念を貫《つらぬ》き通したのです。彼も、人生の借り物競走で多くの力を集め、時代を築きました。

人の力を借りることの裏側には、「あとから何倍にもなって返ってくる」というリターンが必要です。人はそう信じたとき、力もお金もアイデアも貸してくれます。

あなたはリターンを期待される人ですか？

◆チェンジングマインド

人は夢を語る人に投資する。

たくさん応援された人が新しい時代を創《つく》る。

思いきり高い目標を設定すると力が一つになる

京セラの創業者、稲盛和夫さんは事業を京都の中京区原町でスタートさせました。稲盛さんはまず原町で一番になることを目指しました。それが達成されると中京区で一番の会社を目指しました。その次は京都で一番、日本で一番、そして世界で一番になると公言し、それを実現しました。常に高い目標を設定することで、みんなの力を一つにまとめ、「世界の京セラ」へと牽引《けんいん》したのです。

何か目標を立てるとき、僕はまず、スローガンをつくります。

「社員全員でハワイに行こう！」

このくらい単純で、イメージが目に見えるほうがいいのです。

思いっきり高い目標を立てると、職員一人一人の目線が高くなります。また、明確にご褒美《ほうび》を提示することで、難しい目標でも達成への意気込みが生まれてきます。

最近は2年連続で、職員全員でハワイに行ってきました。

費用は全額クリニック持ちですから、相当な金額を投じていることは確かです。周りの経営者から「そんなに散財してクリニックは大丈夫?」と心配されますが、僕が海外旅行を計画するのは、自分の楽しみを職員全員と分かちあいたいからです。

あるとき、新卒の女性職員の中にパスポートを持っていない人がいることを知りました。彼女を自分が楽しいと思ったところに連れていってあげたい、感動した体験を同じようにさせてあげたいと思ったのです。

稲盛和夫さんは、リーダーとして大切なことは「ベクトルを合わせることだ」と言っています。人の考えは千差万別《せんさばんべつ》ですが、従業員が思い思いの行動をしていたならば、力は分散してしまい、組織として目的達成ができません。従業員全員のベクトルを同じ方向に集結させることによって、高い目標を超えることができるのです。

◆チェンジングマインド

夢に向かってベクトルを合わせる。
ベクトルを合わせると達成するルートが見えてくる。

「仕事」の報酬は仕事

人を動かすとき、相手にとってメリットは何かという視点を持つことが大切です。

なぜなら、人は、理想やお金だけでは動かないからです。

かつて、東京美容外科では、ドクターがどんどん辞《や》めていった時期がありました。

「このクリニックで学べることは、もう何もない」

「開業して同じことを自分でやればもっと儲《もう》かる」

こう考えて出ていった人が何人もいたのです。

いま、振り返ると、ドクターが辞める原因はすべて僕の指導不足でした。

あのころの僕は、個々のドクターに技術を教えることはしましたが、それ以上を求められても何もしませんでした。実際、向上心のあるドクターたちは、もっと自分の技術を磨《みが》けるところを求めて去っていってしまいました。

この経験から僕は、「常に学び続けられる環境を提供しよう」と決めました。

たとえば、「ソウルで新方式の鼻の整形手術が見学できる」と聞くと、医師を引き連れて一緒に見学に行きます。もちろん、渡航費用は全額クリニック持ちです。

そんなクリニックは珍しいので、若いドクターの間で「麻生先生は勉強させてくれるよ」と口コミが広がり、いまでは志《こころざし》のある人だけが集まるようになりました。

「仕事の報酬《ほうしゅう》は仕事」というのはソニーの創業者、井深大《いぶかまさる》さんの言葉です。

また、リクルートホールディングスでは、仕事の成果に対して報酬を増やすと、社員が皆辞めてしまうそうです。欲しいのは、お金ではないからです。

一つの仕事で成果を出したら、さらに大きな仕事を任せる。それを達成したら、さらに難しい仕事、その人にしかできない仕事を与える。

まさに、やりがいのある仕事を任されることこそが報酬なのです。

◆チェンジングマインド

相手にとってのメリットを常に考える。
自分が何を与えられるかを常に考える。

イソップ童話が教える「本当の友だち」とは?

イソップ童話に、『熊と旅人』というお話があります。

二人組の旅人がクマに襲われたとき、一人は友だちを置いて真っ先に木に登りました。もう一人は逃げ遅れ、その場で死んだふりをしました。すると、近寄ってきたクマは死んだふりをしている男の耳元で、何事かささやいて立ち去りました。

安全を確認して木から降りた男は、クマが何と言ったのか聞きました。逃げ遅れた男は、「自分だけ逃げるような薄情な友人とは別れろ、と言われたよ」と答えました。

現代に生きる私たちにも、「見せかけの友だち」はいるものです。

たとえば、「本人のいないところで悪口をいう」「あなたの悩みをほかの人に言いふらす」「恋人を横取りする」「ウソをつく」「お金を返さない」など……。こんな人は、「友だちレギュラー」から外しましょう。いきなり人間関係を切るといざこざが起きるので、「よい友だち」と「どうでもよい友だち」に分け、後者とは距離をとるのです。

「友だちレギュラー」は、あなたの成長とともに変化します。過去に仲のよかった友だちも、環境や立場の変化によって価値観が合わなくなることはよくあります。

僕もそんな経験をしました。たとえば、年商1億円の経営者と年商100億円の経営者、従業員10人と従業員1000人の会社の経営者では話が嚙みあいません。従業員のマネジメントも、商品を売るためのマーケティングも根本的に違うからです。

2017年に行なわれたマイナビ「学生の窓口」の調査によると、大学生のLINEに登録されている「友だち」の数は、平均187人だそうです。やみくもに登録件数を増やすよりも、その中身を本当の友だちに変えるほうが大切です。

親友という漢字は「親しい友」と書きますが、あなたが信じられる「信友」、心の支えになる「心友」、真実の友だち「真友」は何人いますか？

◆チェンジングマインド

ステージが上がるとそれに見あった友だちが現れる。

100人のネット友だちより一人の親友。

「先に挨拶する人」は主導権を握れる

「挨拶《あいさつ》」の意味について考えたことがありますか？　漢字の語源は仏教用語の「一挨《いちあい》一拶《いちさつ》」という言葉で、「心を開いて相手に迫る」という意味があります。

もともとは、「相手に対する屈服」を表していたそうです。実際、お辞儀《じぎ》をすると、人体の急所である後頭部が丸見えになり、無防備《むぼうび》になります。つまり「自分の命をあなたに預けますよ」というのが、挨拶の意味だったのです。ですから、頭を下げずに相手の目を見たまま顎《あご》を突き出すような挨拶は、とても失礼にあたります。

挨拶は人間関係の基本です。コミュニケーションの第一歩と言ってもいいでしょう。

挨拶には、あなたの性格が現れます。

明るい人は明るい挨拶を、暗い人は暗い挨拶をします。また、正直な人はまっすぐに相手に向かって挨拶をし、心の曲がった人は目も合わせずに挨拶をします。

相手は、その挨拶であなたのことを判定するでしょう。

じつは、私たちは小学校1年生のときに、学校で挨拶の仕方を習っています。

小学校1年生で習う挨拶の仕方は、①相手の顔を見る。②声に出して元気よく「おはようございます」と言う。たったこれだけです。しかし、たったこれだけのこともできていない大人が多いのです。

将棋《しょうぎ》に「先手必勝」という言葉があります。先に攻めたほうが勝つという意味です。挨拶の場合も相手にされてからするのではなく、先にやることに価値があります。それは、「自分が先に心を開いた」ということになるからです。

私も患者さんには、いつも私のほうから挨拶することにしています。その理由は、「挨拶は〝主導権〟を持つことに等しい」と思っているからです。先に挨拶することで、その後の人間関係でも率先《そっせん》して相手と関わることができるのです。

◆チェンジングマインド

挨拶にあなたの心が現れる。

先に挨拶すると相手をリードできる。

「僕は、まだまだ、あかんな」

2017年5月から、厚生労働省は長時間労働や賃金不払いなどの労務基準関係法令に違反した企業名の公開に踏みきり、改善されない場合は書類送検を開始しました。法令違反を指摘された会社の中には、パナソニック、電通、エイチ・アイ・エス、ヤマト運輸など、日本を代表する一流企業も名前を連《つら》ねています。

しかし本来、人を大切にしない会社などないはずです。少なくとも、設立当初はそう思っていたはずです。そしていまでも、新卒募集のときには、『弊社は人を大切にしています』と、どの会社もアピールしているのです。

僕が最初に勤めた大学病院の上司は、いつも不機嫌で部下にあたる人でした。

僕は「この人には、絶対、協力しない」と決めて仕事をしていました。

当然、仕事は楽しくないし、成果も上がりませんでした。

ところが、自分が院長になると、同じことをやってしまいました。

クリニックのスタッフに対して「何でこんなこともできないんだ！」と怒鳴《どな》り、スタッフ全員に辞《や》められてしまったこともあります。

このとき、僕は一人では何もできないということを痛感《つうかん》しました。心を入れ替えてスタッフの声に耳を傾けると、組織をよくするために意見を述べていることがわかりました。そんなときは、「僕は、まだまだ、あかんな」と反省します。

一緒に働いてくれる仲間は、航海をともにする船の乗組員のようなものです。航海の間には、嵐《あらし》の日もあるでしょう。座礁《ざしょう》して、船底に穴があくこともあるかもしれません。乗組員の一人一人が持ち場を守らなければ航海を続けることはできません。

人生は、1秒1秒の時間で構成されています。人の時間をもらうことは、その人の命をもらっているのと一緒です。だからこそ、謙虚《けんきょ》に感謝しなければなりません。

◆チェンジングマインド

「横柄《おうへい》な人」から「感謝の人」になる。

自分が間違っていたら素直に謝る。

幸せとは「みんなが幸せになる」こと

ブータンはＧＤＰ（国内総生産）に代わってＧＮＨ（国民総幸福量）を国の発展を図る指針として最初に提唱した国です。つまり、ブータン政府が目指しているのは、経済的な豊かさではなく、精神的な豊かさです。

僕の知りあいの営業マンは、会社を辞めて、お坊さんになりました。当人は「出家《しゅっけ》して幸せを手に入れた」と言いますが、奥さんも二人の子どもも、みな不幸になりました。これでは、本当に幸せになったとは言えないでしょう。

ある夫婦は、「大きな家を買って幸せな家庭を築こう」と決めて共働きを始めました。ところが、夫は夜勤の警備員、妻は看護助手と、それぞれ忙しく仕事をしているうちに二人で会う時間がなくなり、大きな家は買ったけれど離婚してしまいました。

この夫婦のように、いつの間にか手段に追われて目的を見失ってしまう人はたくさんいます。

僕は、幸せは「自己実現」と同じだと考えています。つまり、自分だけが幸せになればいいというものではなく、周りからも認められなければならないのです。路上生活をしている人がブルーテントの中で、「俺は自由だ！　誰にも縛られていないぞ」と叫んでも、やっぱりそれは成功とは言えません。

つまり、「成功の形」は一人一人違うけれど、「成功のコンセプト（概念）」には共通点があるということです。

たとえば、「家族を犠牲《ぎせい》にしない」とか、「世の中のためになる」とか、「自己矛盾《むじゅん》がない」などは成功のコンセプトと言えるのではないでしょうか。

僕の成功のコンセプトは、「悩んでいる人生を幸せな人生に変えていくこと」です。患者さんの幸せが自分の幸せと重なることをいつも考えています。

◆チェンジングマインド

一人だけ幸せになっても虚しい。
幸せのコンセプトは「みんなが幸せ」になること。

「元気な子」「明るい子」「地頭のいい子」

最近の新卒社員は上司が飲みに誘っても「用事があります」と言って、すぐに会社から帰ってしまいます。さらに用事は何かを聞くと、「プライベートなことは言いたくありません」と、上司を敬《うやま》うことをしません。

果たして、こういう新卒社員が会社で出世できるでしょうか？

僕は「人から可愛がられる」ということが、人生でとても大切なことだと思います。

昔、リクルートの社員の採用基準は「元気な子」「明るい子」「地頭《じあたま》のいい子」の3つでした。これは素晴らしい標語です。「元気な子」は心身の健康を表し、「明るい子」は仕事に喜びを感じられる性格を表しています。さらに、「地頭のいい子」とは、単に仕事ができるだけでなく、ノビシロがあり、成長する可能性が高い子です。

つまり、この採用基準には「健康・性格・能力」の3拍子が揃《そろ》っているのです。

そして、これは可愛がられる人の素質と同じなのです。

僕の出身校の医学部では、毎年約10％の学生を留年させていました。だから、みんな必死でした。医学部の試験は、たくさん勉強した人がパスできるというわけではありません。じつは、人間関係がうまくいっている人が医師になれるのです。

試験では過去問が出たり、問題をつくる教授の性格によって傾向が変わります。

そうした情報を仲間内から教えてもらえる人が試験に合格するのです。

情報を得るためには同級生だけでなく、先輩とも仲良くしなければいけません。

先輩はすでに同様の問題をクリアしているので、試験問題のツボを心得ています。

ですから、いくら優秀でも自分一人で勉強している人はなかなか卒業できないのです。

そうした中、僕は仲間に恵まれ、先輩に可愛がってもらえたことでストレートで国家試験に合格し、医師免許を手にすることができました。

◆チェンジングマインド

可愛がられる人は得をする。

可愛がられることは成功の必須条件。

心が冷たい人は出世しない

カナダにあるウィルフリッド・ローリエ大学の研究チームが、人間は自分が権力を持ったことを認識すると、他人に対する思いやりを失い、他人の立場に立って考えられなくなるという調査結果を報告しています。つまり、人は誰でも偉くなると共感力がなくなり、冷たい人になってしまうのです。

その一方で、アメリカにあるリーダーシップ研究機関の専門家、ウィリアム・ジェントリーさんは、「思いやりのある人」のほうが「冷たい人」よりも高い実績を上げていると主張しています。同機関が世界38ヶ国の管理職を対象に実施した調査では、「思いやりのある管理職」のほうが出世し、「冷たい管理職」は最終的に出世街道から脱落していたためです。

確かに、心の冷たい人は周りの人を不幸にしますから、応援されることもありません。結局、そのような人は成功できないということでしょう。

思いやりのある人は人間関係を円滑《えんかつ》に動かす方法を知っています。

僕は居酒屋でこんな光景を見かけました。メニューにないものを無理やり注文するお客さんに対して、店員は「あいにく、お客さまのお口に合う新鮮な食材を切らしています」と答えたのです。そのお客はあっさりと引き下がりました。

また、ガソリンスタンドで給油中にタバコを吸っているお客に店員が、こう言いました。「お客さまの安全のため、禁煙になっております」

すると、お客さんは快くタバコの火を消してくれたのです。

これらのケースは、いずれも自分の主張を押しつけるのではなく、相手を思いやっています。人間関係において、このような「相手の立場に立つテクニック」を使えば、あなたも今日から「思いやりのある人」になれるかもしれません。

◆チェンジングマインド

「思いやりのある人」が出世する。

相手の立場になって「お願い」する。

下心のある人に注意

私の知りあいに、「つきあった男性をすべて不幸にする」魔性《ましょう》の女性がいます。彼女は美人で、シングルマザーで、小さな子どもが一人いるのですが、目をつけられた男性は彼女にいいように使われます。彼女の決めゼリフは、「子どもが不憫《ふびん》で……」。

そう言われた男性は自分の仕事を投げ出し、頼まれた雑用を何でもやってしまうのです。彼女にお金を貸した人もいますし、人を紹介した結果、人間関係をめちゃくちゃに壊《こわ》された人もいるようです。

世の中には、あなたが持っている〝財産〟を狙って近づいてくる人がいます。財産とはあなたの「名声」や「人脈」、「お金」や「ノウハウ」などさまざまです。

下心を持って近づいてくる人を見抜く方法は簡単です。「ギブ・アンド・テイクしましょう」と言われたら眉ツバものです。結局、相手がテイクしたいだけで、あなたはギブだけを提供することになります。

注意してほしいのは、あなたがストレスを抱えているとき、仕事が忙しいとき、心が弱っているときです。計算ずくで近づいてくる人の本心が見えなくなってしまうからです。僕も少なからず経験し、後悔したことがあります。

一方、損得抜きの人は、「あなたのために何かできることはありませんか?」という姿勢を崩しません。空手や柔道では「形《かた》」を守ることによって、正しい動作が身につきます。人とつきあう場合も、この「相手のために」という態度が、一つの「形」と言えます。どんなコミュニケーションでも、この基本さえ守っていれば、相手は必ずあなたのことを信頼してくれるでしょう。

人間関係には『返報性《へんぽうせい》の原理』というものが働きます。

親切にしてもらえば、必ずお返ししたいと思うのが人間の習性なのです。

◆チェンジングマインド

計算高い人は信用を失う。
「ギブ&ギブ」する人だけが「テイク」を得られる。

他人を許せる人になる

『網棚《あみだな》カバンの法則』を知っていますか？　電車が揺れ、網棚からカバンが落ちたとき、自分のカバンならば頭にぶつかってもそれほど痛くないのに、他人のカバンだとなぜか猛烈に痛みを感じ、怒りが込み上げてくるという法則です。

他人を許せないと感じる心理は、相手を「外敵」として捉《とら》えているせいです。

僕が東京美容外科クリニックをオープンしたとき、最初の正社員は、それまで瓦職《かわら》人として工務店で働いていた二十歳の若者でした。もちろん、雇《やと》った当初は、何一つ任せられることがありませんでした。そんな彼も辛抱《しんぼう》強く指導していくうち、全国展開したクリニックの事務局を統括《とうかつ》し、最後は事務局長にまでなってくれました。

まさに彼は、クリニックの成長とともに成長したと言えるでしょう。

その後、彼は僕のクリニックを辞《や》め、大阪で独立し、医師を雇って医療脱毛や美容皮膚科を数店舗運営するオーナーになりました。

経営者として組織を運営していると、このような「別れ」は避けて通れません。

しかし、僕は去っていった人に対して「怒り」を感じることはありません。

「こいつ、真似《まね》しやがったな」とも思っていません。

なぜなら、かつてともに戦い、僕を助けてくれた「仲間」だと思うからです。

むしろ、厳しい時代を乗り越えた「戦友」として、活躍を応援したいのです。彼に助けてもらっていまのクリニックがあるのですから、その事実に感謝するだけです。

古今東西、どんな宗教でも共通して「人を許す」ことについて語っています。

そして、どの宗教も、許しの根底に流れているのは「愛」だと説いています。

僕の経営するグループが大きく発展できたのも、去っていった人を恨《うら》まず、仲間として感謝してきたからだと思います。

◆チェンジングマインド

相手を「身内」だと思えば、すべて許せる。

相手を「許す」ことで次のステージに行ける。

幸せを分け与える「ノブレス・オブリージュ」

古代ローマ帝国では、貴族が公共の建物の建築費を払う代わりに建造物に自分の名前をつけることがありました。お金を残すのではなく、名前を後世に残したのです。フランス語に「ノブレス・オブリージュ」という社会性のある用語があります。日本語だと「高貴な人の義務」と訳されます。社会的に成功した人は、その成功をまた社会に還元しなければならない責任があるのです。

僕にとっての成功は、多くの人の人生をよい方向に変えることです。それが自分の天職で、仕事で人の役に立てるならば、これ以上の喜びはありません。世の中に対する〝お返し〟も、自分の好きな分野で人の役に立てたならば、喜びは何倍にも膨《ふく》らみます。それこそが、社会貢献の未来の姿だと思っています。

僕は自分の興味がある世界で、寄付《きふ》したお金がどこに使われるのかを自分の目で見て、世の中に還元していきたいと思っています。

いま、僕が力を入れていることは、音楽財団の活動です。クラシック音楽の世界で苦労している人を助けたいのです。

日本にクラシック音楽の文化を根づかせたいのです。

財団をつくることによって、これまでチケットの値段が高くて、聴きたいのに聴くことのできなかった人にクラシック音楽を届けることができます。

社会貢献というと、寄付や植樹などのイメージがあるかもしれませんが、僕は、自分の大好きな分野で社会貢献することが、経営者としてのモチベーションアップにつながると考えています。自分が素晴らしいと思うことをほかの人に分けてあげること、これがプレゼントの本質であり、世の中に還元していく方法ではないでしょうか？

◆チェンジングマインド

幸せは、自分だけで独《ひと》り占《じ》めしない。

幸せを、ほんの少し誰かにお返しする。

あとがき

私たちの体は「テセウスの船」

私たちの体は「テセウスの船」

「テセウスの船」というギリシャ神話を知っていますか？

その昔、テセウスという人が船でアテネの若者とともにクレタ島から帰還《きかん》しました。アテネの人たちは、この船を後の時代まで保存しようと、船の木材が朽《く》ちるたびに新しいパーツに置き換えていきました。

やがて、その船に元の木材はすっかりなくなってしまいました。

さて、すべての部品が置き換えられた船は、同じ船だといえるのでしょうか？

このパラドックスは、昔から多くの哲学者たちの議論の的になってきました。

じつは、私たちの体もテセウスの船と同じように、毎日入れ替わっています。

血液は１２０日ですべて入れ代わり、細胞は約2年、骨も3～5年で全部入れ代わるのです。

つまり、私たちの体は、毎日、「チェンジ」しているのです。

けれども、全部が入れ代わったあなたを、別人だと思う人はいませんよね？

ですから、テセウスの船も、全部のパーツが入れ代わっていたとしても、やはり船としてのアイデンティティ（同一性）は残っているのです。

あなたがどれだけ変わったとしても、あなたのアイデンティティは変わりません。

逆にいうと、その変わらないコアの部分を大事にすることで、人間はいくらでも変わっていいのです。

僕が専門としている美容整形は、あなたの体がそっくり入れ代わる「人体の神秘《しんぴ》」に比べれば、ほんの些細《ささい》なお手伝いにすぎません。

それでも、とても小さなことで人生は大きく変わるのです。

あなたが「今日から変わろう」と決意さえすれば、人生はあなたが願ったように、自由自在に変わっていくのです。

僕は本書に、思いつく限りの「チェンジのパターン（＝法則）」を盛り込みました。

この本は美容整形をあなたにすすめるものでは決してありません。

「小さな一つ」を変えることによって、こんなにも簡単に未来が変わることを伝えたかったのです。

あなたがチェンジするきっかけに本書が少しでも役立ったなら、著者として至福《しふく》の喜びです。

末尾になりましたが、本書の作成におきましては株式会社扶桑社の高橋香澄さん、株式会社天才工場の吉田浩さん、編集協力の上村雅代さんにご協力いただきました。また、アチーブメント株式会社の青木仁志先生に、この場を借りて心よりお礼申し上げます。

２０１９年５月　赤坂にて

麻生　泰

装丁　重原隆
出版プロデュース　吉田浩（株式会社天才工場）
取材　上村雅代
撮影　山田耕司（扶桑社）
図版デザイン　鈴木貴之
校正　皆川秀
DTP　株式会社光邦

愛もお金も手に入る
チェンジの法則
人はいますぐ自分を変えられる

発行日　2019年6月10日　初版第1刷発行

著者　麻生泰
発行者　久保田榮一
発行所　株式会社 扶桑社
〒105-8070
東京都港区芝浦1-1-1　浜松町ビルディング
電話　03-6368-8870（編集）
03-6368-8891（郵便室）
www.fusosha.co.jp
印刷・製本　株式会社 加藤文明社

ISBN978-4-594-08171-3